ふく風たつ浪の音までも

まえがき

私が三島のヨガ道場で五井昌久先生の『老子講義』の函入りの三巻本を手にしたのはもう四十年以上前の二十代前半のことでした。その口絵の五井先生の写真を見て、この方こそ自分の探し求めている本当の先生であると直観しました。そして、序文の「空々寂々空寂々……」という老子を讃えた詩を読み、本文冒頭の数行を読んで、この言葉は宇宙の根源からそのまま響いてくる言葉であり、この方のおっしゃることはすべて真実であると確信いたしました。

それから数カ月後に市川市の新田道場で五井先生にお会いすることが出来ました。その時のことは本書巻頭の「青年と生き甲斐」に記しましたので、お読みいただければ幸いです。

人と人との出会い、特に魂の師と仰ぐ方との出会いは、遠い過去世からの深い縁の成就であると思います。私はその後、五井先生の後継者である西園寺昌美先生にも直接師事し指導いただくことが出来ました。

本書は私が五井先生、昌美先生の説かれる個人人類同時成道の道を実践してきて、その時々に強く感じたことや、人々にぜひ知っていただきたいと思ったことを書き記したものです。主に『白光』に発表したものですが、それ以外に発表したものや、新たに書き下ろした「自らを信ずる生き方」などもあります。

発表時のものに手を加えることなく、なるべく時系列に沿って並べました。そのほうが現在も続いている教えの進化創造の軌跡や、それに伴う私たちの成長の過程もわかり、読者の参考になると考えたからです。

また本書では、老子や一遍上人や良寛さん、ブリューゲルやフェルメールなどの芸術家、詩人リルケ、実業家で数寄者の原三渓などの人物について書いていますが、これらの人々は、私の内的必然性からどうしても書かざるを得なかったもので、私自身の五井先生、昌美先生の教えの実践と深く関連しています。言い換えれば、教えを実践する過程で、一遍上人や良寛さんの心が内側から理解できるようになったということが出来ます。

私は五井先生、昌美先生の説かれる個人人類同時成道の道は一宗一派の教えではなく、広く人類に普遍的な真理であると思っています。その意味で、ぜひ多くの人々に読んでいいただきたいと思いますし、教えを実践している人々にも、全く教えを知らない人々にも、きっと参考になるものと確信しています。

「ふく風たつ浪の音までも」という書名は、同名の本文にもありますように、一遍上人の手紙の中の「よろづ生きとしいけるもの、山河草木、ふく風たつ浪の音までも、念仏ならずといふことなし」という一節から採ったものです。私は宗教の極致は芸術となり、芸術の極致は宗教となる、と考えます。宗教と芸術と、そして科学の融合、私の関心は自然にそこに向かうようです。そのような私にとって、一番ぴったりくるのがこの書名であったという次第です。

巻末に私の俳句を載せました。これらは一九七九年からおよそ七年間、波多野爽波先生の指導のもとに作ったものですが、私のある一面を表しています。五井先生は宗教哲学者であると同時に優れた詩人であり、歌人であり、晩年には俳句も作られ、それらの作品を毎月必ず白光誌に発表されていました。その顰《ひそ》みに倣《なら》っての掲載であるとご理解いただければ幸いです。

今年の六月に思いがけず、野村そのこ様より「天眼」という題の小さなパステル画を頂戴いたしました。私はこの絵を大変気に入り毎日眺めておりますが、その縦長の絵を横向きにしてみたら、本書表紙カバーの装画として見事に収まりました。本書の出版を天も祝福してくださっているような心地がして嬉しく思いました。

本書の上梓に当たり、改めて五井先生、昌美先生に深く感謝いたしますとともに、今日まで私を支えてくださった友人や多くの法友の皆様に感謝を捧げます。また、本書を手に取ってくださる皆様に感謝いたします。

世界人類が平和でありますように
人類即神也

二〇〇八年九月

冨田　興次

ふく風たつ浪の音までも　目次

装画　野村そのこ
装幀　冨田興次

ふく風たつ浪の音までも

青年と生き甲斐

一九八三年一月十五日、前橋市民文化会館での講演

今日は成人の日ということもあり、「青年と生き甲斐」というテーマにさせていただきました。私の体験を通しまして、私の感じております五井先生と、世界平和の祈りについてお話しさせていただきたいと思います。

特に青年の方、また年頃の息子さんや娘さんをお持ちのお父さん、お母さん方のご参考になれば幸いです。

私は今年で四十歳になります。四十にして惑《まど》わず、と申しますが、現在、私にも悩みや心配事がありますが、人間としての生き方におきましては、五井先生を知り、消えてゆく姿で世界平和の祈りという「人間と真実の生き方」を教えていただき、この世界平和の祈

りの大道をひたすらに歩んでゆけばいいのだ、という大確信を頂いております。そういう意味で惑いはありません。このことを大変有り難いことだと思っております。

私の二十歳の頃

それでは二十歳の頃の私はどんな青年であったかと申しますと、その当時は勿論、五井先生の存在もお名前も知りませんでした。京都で学生生活を送っておりましたが、友達と五人で同人雑誌などをやっておりました。

また、いわゆる活動家ではありませんでしたが、デモ行進にはよく参加しておりました。昭和三十年代の後半でしたが、当時は普通の学生でもよくデモに参加しておりました。私も確たる信念や主義に基づいたものではなくて、社会や学校に対する不満、もっと根本的には自分自身に対する何かはっきりわからない不満にあおられて、そのハケ口をデモに見出しておったということでしょうか。

五井先生は「青年と真実の生き方」というパンフレットの冒頭で、

「青年はいつも未来を目ざして生きています。自己の置かれている立場から飛躍しようとして、常に心を燃やしているのです。ですから青年は自己の立場が、外からみてどんなによさそうにみえましようとも、自分自身はその立場に満足してはいません。たえず自己の立場や環境を何等かの形で乗り越えてゆこうとしています。

そこにその人自身の進歩が生まれ、社会や国家や人類が進化してゆく道が開かれてゆくのでありますが、一歩間違うと自分自身を破滅させると共に、周囲の人や社会国家人類に少なからぬ損失を与えてしまうのであります」と書いておられます。また、

「青年の純真さというのは、自己を世に現わしたい願望を耐えても、人を先に立たせるとか、愛する者の為に、自己を引き下げても悔いないとか、大きなもののために自身の身を捨てるとかいう、そういう自己犠牲の精神にあるので、自己を現わしたいために、集団のデモに参加するなどという浅はかなことではないのです」

と書いておられますが、私はまさに、そういう浅はかな青年であり、そういう浅はかさに気づきつつある青年でした。

私は二十歳頃よりデモに参加しなくなりましたが、その後、五年、十年と経ちまして、過激派の幹部として逮捕されて新聞紙上に写真の出たクラスメイトが何人かおります。

またノイローゼのようになって、自らの生命を断ったクラスメイトも何人かおります。この私も、二十数年前大学に入った頃、彼等とそれ程違っていたわけではありません。青春時代というのは渾沌としていて、これからどういう方向に向かってゆくかわからない。そういう意味で大変危っかしい時代であり、今日、自分がこうしてあることに運命と、守護霊様の導きというものを感ぜずにはいられません。

生命エネルギーと功名心

「青年というものは、未来に向かう生命エネルギーの燃えたぎる存在、自分白身気づこうと気づくまいと、地球の歴史を書きかえてゆくための主軸なのであります。燃えたぎる生命エネルギーにあおられるように、外に向かってほとばしってゆく力を青年はもっているのです」

と五井先生はおっしゃっています。この善悪を超えた生命エネルギーにどのように対処するか、どのような方向に導いてゆくか、ということが、青年期のたいへん大事な問題になってきます。これは何も現代に限らず、いつの時代にあっても、青年にとっての永遠のテーマであるわけです。

勝海舟の『氷川清話』の中に「青年の色欲と功名心」というタイトルで面白い話が載っております。短い話ですからご紹介しましょう。

「若いときのやりそこないは、たいがい色欲からくるので、孔子も『之《これ》を戒むること色《いろ》に在り』といわれたが、実にそのとおりだ。

しかしながら、若いときには、この色欲を無理に押えようとしたって、それはなかなか押え付けられるものではない。ところが、また、若い時分に一番盛んなのは功名心であるから、この功名心という火の手を利用して、一方の色欲を焼き尽すことができれば、はなはだ妙だ。

そこで、情欲が盛んに発動してきたときに、じっと気をしずめて英雄豪傑の伝を見る。そうするといつの間にやら、だんだん功名心に駆られて、専心一意、ほかのことは考えないようになってくる。

こうなってくれば、もうしめたものだ。今の書生連中も、試みにやってみるがよい。決して損はないよ。」

五井先生も、

「認められたいと想うことは、別にいやしい心ではありません。認められたいと思うからこそ勉学の道にも励み、苦労も苦労とならぬのであって、認められたいと思う想いは、その人の進歩を早めるのです」

とおっしゃっていますし、聖者や偉人の伝記を読むことを薦めておられます。

つまり、自分の理想とする人物像を持つということだと思います。

ところが現代の学校の歴史の時間では、封建主義とか資本主義とか抽象的な話に終始して、生々とした歴史上の人物像を伝えるところまではいかないようです。

また現代文学とか純文学と言われるものの主人公には、英雄豪傑とか聖者賢者というのはあまり登場せず、平凡な人物の裏表を根掘り葉掘り書いたものとか、人生における敗北者を主人公にしたものが多いようです。

そういう点ではむしろ歴史小説とか、大衆小説と言われるものに優れたものが多いようです。例えば、先程の勝海舟とそのお父さんを主人公にした子母沢寛の『おとこ鷹』『父《おや》子鷹《こだか》』『勝海舟』という一連の小説は大変面白く、そのますぐれたビルドゥンクス・ロマン（教養小説）になっていると思います。

海舟は島田虎之助という剣術の先生について修行に打ち込み、それによって人格形成していったようですが、青年期にはやはり優れた師を持つということが大切なことです。

私たちはたいへん幸いなことに、五井先生という永遠の理想像を持っております。また五井先生は最高の師であり、私にとっては救い主でもあります。私たちはまた昌美先生という最高の指導者も持っています。これはやはり私たちが、よき師を求め、尋ね、門を叩いた結果だと思います。それも今生だけでなく、過去世から何生もかけて求めてきた結果の、賜《たまもの》に他ならないと思います。

私の宗教心の発端

また私の二十代の話に戻りますが、私は文学から入って、次第に宗教的なものにも心引かれていきました。

その頃の私には精神的な悩みと肉体的な悩みがありました。

精神的な悩みというのは、自分が根源的な存在から外《そ》らされているという感じが非常にするのです。今日も窓の外に山並がきれいに見えていますが、京都もいつも山並の見える所です。確かに山並も空もたいへん美しく見えるのですが、それらの自然からも自分が締め出されているという感じがするのです。

対社会的、家庭的にも、自分だけが全く違った価値観を持った人間に見えてくる。根源的な存在というのは、永遠の生命と言い換えることが出来ると思いますが、そういう永遠なるものに自分はつながっていない。根を持っていない。自分は偶然この世に生まれて来て、投げ出されている、守られていないという感覚ですね。

これは丁度「人間は本来、神の分霊《わけみたま》であって、業生ではなく、つねに守護霊、守護神によって守られているものである」という五井先生の教えてくださった真理のことばの逆、反対です。ですから、それは一種の錯覚であるわけですが、そういう感覚が牢固として抜き難くある。これを業想念《カルマ》の集積というのでしょうが、そのことが苦しい。何だか知らないけど、苦しく、いたたまれない感じがする。それはもうほとんど生理的な痛みと言える程で、こういう状態から脱却したいというのが、私の宗教心の発端、芽ばえであったと思います。

もう一つの肉体的な悩みというのは、私は子どもの頃から胃腸が弱く、高校、大学時代と、いつも不快感から解放されず、このままでは就職も出来ない。何とかしなければ、という悩みでした。

この精神的、肉体的の悩みを二つながらに解決してくれるものとして、私の前に現われたのがヨガであったわけです。

モラトリアム人間

体に自信がなかったこともあり、卒業間近になりましても、就職運動を熱心にはやりませんでした。最近モラトリアム人間という言葉が言われていますが、モラトリアムというのは支払い猶予という意味で、若い人がわざと留年して卒業を遅らせたり、本当に勉強したいのならいいのですけれど、社会に出るのを遅らすために大学院に進学したり、要するに社会人としての義務と責任をなるべく回避しようとする傾向を言う新造語です。私も客観的に見れば、このモラトリアム人間だったと言えると思います。

そして卒業式に出る間も惜しんで、ものすごい期待と意気込みでもってヨガ道場に飛び込んでいったわけです。

　道場の食事は玄米菜食ですが、玄米にはなじめず、全然食欲がなくなってしまいました。それで、まだ少し早いとは思ったのですが、断食はたいへん効果があると聞いていましたので、一応先生の許しを得て断食に入りました。断食中でも、朝五時半頃起きて、水風呂に入り、掃除、体操、マラソン、作業、瞑想等と、他の人たちと同じにやっていくのですが、十一日目に、先生の講義が始まるので、棚の上のテキストを取ろうと手を伸ばした時に、目まいがして、目の前が真っ暗になり、そのまま気絶してしまいました。

　三日間程意識不明の状態が続いたようで、気が付いたら道場の地下室に寝かせられていましたが、全身が硬直して動けません。便所にも一人で行けず、大変なことになってしまったわけです。研究生の方々にお世話になって、少しずつ回復してゆきましたが、右半身に不随意感が残り、その後長く悩まされることになりました。

　いつまでも道場に居るわけにいかず、東京の両親の許に帰りましたが、両親の反対を押して道場に行き、帰って来たら目方三十九キロの廃人同様の体ですから、両親の嘆きはいかばかりであったでしょう。特に母親に四六時中こぼされるのには参りました。身から出た錆とは言いながら、三界に身の置き所が無い、というのはこのことかと思いました。

自分でもどうしていいのかわからない。ただ人間はそういう不幸な状態になると、どういう罪かはわからないが、自分の遠い過去の罪の結果そうなったのだ、と本能的に思うんですね。その罪を浄化するために何かをやらねばと思うんです。そこで私の思いついたのは、ただ歩くということ、つまり巡礼ということしかありませんでした。それで、また母親が止めるのを振り切るようにして行ったのが、秩父の観音巡りでした。鉱泉宿にも泊りましたが、お寺の縁の下や、シーズンオフで空いているバンガローにも泊りました。身も心もやたら寒かったことを覚えています。この頃が私の人生における最低限ではなかったかと思います。

そんなことをしていても埒《らち》の明《あ》く筈もありません。秩父放浪も四、五日で切り上げて、東京へ帰ってくると、床屋に行って頭を丸刈にしてもらってから家に帰りました。

それから何日かして、東京にいらしたヨガの沖正弘師を訪ねると、そんな体では就職も出来ないだろう、丁度、機関誌の編集をしていた者がやめたので、やってみないか、と言ってくださり、改めて研究生という内弟子の資格でお世話になることになりました。

道場での生活は一年半程続きましたが、それはそれまでとは全く違った世界でした。そこで初めて感謝、愛、奉仕等の精神を学びましたが、それは学校や家庭では全く教えてくれなかったもので、とても新鮮な感じがしました。

しかし、自分が自力の修業に向いていないことも次第に感じてきました。そういう自分を責めるようになる。また、自分が出来ないことでも立場上人に説かなければならない。そのことが次第に苦しくなってきました。

五井先生との出会い

そんなある日、沖先生の部屋を掃除していて、五井先生の『老子講義』を見つけたのです。ふとその本を書棚から取って、口絵の先生のお写真を見た時、この方が自分の本当に探し求めている先生だ！　と直覚したのです。お写真を拝見しただけで信じました。崇高にして清らかな感じ、なつかしい感じがしました。丁度序文にある、

その心／測り知れず深く／果しなく広く／その力／時空を超越して魂をゆさぶり／宇宙の根源に人間を直結させる……

この詩のように、お写真の先生によって魂をゆさぶられ、目覚めさせられてしまったのです。そしてパラパラと読んでみた文章の素晴らしさ、宇宙の根源からひびいてくる、流れるようなその言葉は、これはすべて真実だと有無を言わせぬひびきがありました。

これはやはり五井先生との過去世からの縁の成就だと思います。これは私に限らず、皆さんそうだと思います。

五井先生は、私たちはこの人類が始まった時から、生まれ変わり死に変わりしつつ、神々の器として場として、今日の時に働くことになっていたのであります、とおっしゃっています。

私が五井先生の教えのどこに引かれたかと申しますと、それは「人間と真実の生き方」に要約されるわけですが、まず

「人間は本来、神の分霊であって、業生ではなく、つねに守護霊、守護神によって守られているものである」——と人格的な愛の神をはっきり説いておられることです。法則としての神、宇宙神だけでは決して救われないと身にしみて感じておりましたので。次に、

「この世のなかのすべての苦悩は、人間の過去世から現在にいたる誤てる想念が、その運

命と現われて消えてゆく時に起る姿である」――本当に消えるとはっきり断言しておられることです。三つ目に、

「世界平和の祈りを祈りつづけてゆけば、個人も人類も真の救いを体得出来るものである」――一日二十四時間座禅せよ、とよく言われますが、念仏のように、寝ても覚めても世界平和の祈りを祈りつづけることによって、それが可能になる。しかもその祈りは自分一個人の救われだけでなく、世界人類の平和のために本当に貢献できる祈り、個人人類同時成道の祈りであることの素晴らしさです。

私もやはりこの三つのことに引かれました。

五井先生にお目にかかる

その後、東京でのヨガの講習会の休憩時間に、沖先生とあるご婦人がお話しされていて、その中で「五井先生はお元気ですか」という言葉を耳にしました。後でそのご婦人に「五井先生って、老子講義を書かれた五井先生のことですか」と伺うと「そうです」とおっしゃる。「私、五井先生に是非お会いしたいんですけど」と申し上げると、「それでは、連れ

て行って上げましょう」ということで、結局その婦人の紹介で、翌日、市川の新田道場で五井先生にお会いすることが出来たのです。

その時の五井先生のお言葉をよく覚えております。

「若い人がそんな道場に入っていて、働かなかったら、世の中成り立たないでしょう。すぐにやめなさい。もう戻ってはいけない」

という強いお言葉でした。

とはいっても、本から寝具、衣類まで一切が道場にありますし、先生にきちんとご挨拶してやめたいという気持ちがありましたので、そう申し上げますと、「それでは応援しましょう」とお浄めしてくださり、

「聞かれたら、就職しなかったら、勘当する、と両親に言われたと言いなさい」

と知慧を授けてくださったんです。

帰りの電車の中での三時間余り、丁度夕方のラッシュ時で満員でしたが、涙があふれ出て止まりませんでした。体の中のどこにそんなに涙の材料があるのだろうと思うくらい次から次へと涙があふれてくる。周りの人の視線が気になるのですが、どうしようもありま

せんでした。

それは五井先生という真実の師に会えたという心の底からの喜びの涙でした。いろいろ危なかったけれど、やっとこの子を五井先生の所へ連れて来た、という守護霊様、守護神様はじめご先祖方の喜びの涙でもあったと思います。

道場に帰ってみると、五井先生が「もう戻ってはいけない」と強くおっしゃった意味がよくわかりました。沖先生に面会を申し込んでも会ってくださらないんです。三日間頼んでもお会いくださらない。それでは止むを得ない、とその頃やはり道場をやめたがっていた研究生仲間と一緒に荷物を発送してしまいました。そして、その頃は世界平和の祈りを知っていましたから、もの陰で一生懸命、沖先生の天命が完うされますように、と祈っておりました。すると突然、沖先生に対する心の底からなる感謝があふれ出てきました。今日までのさまざまな御恩が想い出されて涙があふれてきました。

その直後に沖先生に呼ばれたのでした。五井先生に教えられた通り申し上げますと、「よし、わかった。出版社に知り合いも多いから、紹介してやろう」とおっしゃってくださいましたが、

「いつも先生に教えられていますように、自分のことは自分でやりたいのです。零から出発して、自分で探します」と申し上げますと、全く理解してくださいました。

その上、道場にいる数十人を招いて焼肉屋で盛大な送別会まで開いてくださいました。（普段は玄米菜食ですが、適応性を付けるために、時には肉食もしたほうがいいという考えによるのです）このように円満にやめることが出来たのも五井先生のお蔭であり、世界平和の祈りの持つ調和の働きのお蔭だと思います。

東京に出た私は、就職の決まるまでの一ヵ月間、毎日新田道場に通って五井先生にお浄めしていただきました。それから一ヵ月程して新田道場での先生の個人指導が無くなりましたが、行ける時に毎日行って本当によかったと思いました。

就職した私は、五井先生のお言葉を肝に銘じ、当り前の生活の中にこそ宗教がある。自己の置かれた立場から逃避してはいけない、と自分に言い聞かせ、一生懸命働き、日曜日には必ず統一会に出席し、青年部にも入って、自分なりに精一杯活動してまいりました。

放蕩息子の寓話

私の好きなルネ・シャールというフランスの詩人のことばに、

「詩は、ふたたび資格を得た人間の内部に宿る、未来のいのち」

というのがあります。もし私が、あなたにとって祈りとは何ですかと聞かれたら、この詩という言葉を祈りと置き換えて、

「祈りとは、ふたたび資格を得た人間の内部に宿る、未来のいのち」

と答えたいと思います。この短いことばの中に、すべてが言い尽されるように私には思えるのです。

再び資格を得た人間とは、私たちはかつて神の子そのものとして完全平和なる世界に住んでいた。それがこの肉体界に何回も何回も生まれ変わり死に変わりしてさまざまな経験を繰り返すうちに、業想念波動にまみれてその本来性を忘れてしまった。しかし再び五井先生によって魂を呼び覚まされ、自分が本来神の子であることを想い出すことが出来た。五井先生に出会い、世界平和の祈りを祈るようになったということは、再び資格を得たと

いうことだと思います。

未来のいのちとは、未来の完全平和世界に対する信、希望のことです。それは「世界人類が平和でありますように」という祈りとなります。私たちの一回一回の祈りが未来の理想世界を導き出すのです。

五井先生は、祈りとはいのちを宣《の》り出すことだと教えてくださいました。生命《いのち》は常に新しく生命の根源から流れ入ってきます。その生命《いのち》の中に、愛も智慧も力もすべてがあります。祈りとは、過去、現在、未来を貫く永遠なる生命を発現する、人間の本源的な行為である、と言うことが出来ると思います。

聖書にある放蕩息子の寓話（ルカ伝十五章十一―三二）を皆さんご存知だと思います。

或る人に二人の息子があり、弟は父に財産を分けて貰って遠国に往き、放蕩でその財産を使い果してしまいます。そのうちその遠国に大いなる飢饉が起り、その息子も飢えて豚飼の仕事をさせて貰い、蝗豆《いなごまめ》を食ってようやく飢をしのぐ有様です。その時我に返って、

「わが父の許には食物あまれる雇人いくばくぞや、然るに我は飢ゑてこの処に死なんとす。起ちて我が父にゆき「父よ、われは天に対し、また汝の前に罪を犯したり。今より汝の子

と称へらるるに相応《ふさお》しからず、雇人の一人のごとく為し給へ」と言はん」乃《すなわ》ち起ちて其の父のもとに往く。なほ遠く隔りたるに、父これを見て憫《あわれ》み、走りゆき、其の頸《くび》を抱きて接《くち》吻《づけ》せり。……」

父親はその息子を責めるどころか、すべてを赦し、「死にて復《また》生き、失せて復《また》得られたれば、我らの楽しみ喜ぶは当然なり」と息子に最高の着物を着せ、犢《こうし》を屠《ほふ》って大祝宴を催してくれるんです。

五井先生は聖書講義第二巻で、この父とは神のことであり、この息子は、一度は神のみ心に背いて苦難の生活をし、その苦難の中で、自己の行為の誤ったことに気づき、再び神を慕い敬うようになった人間のことだ、とおっしゃっています。

私たち肉体人間は、再び神の許に帰ってきた放蕩息子ではないでしょうか。永い輪廻転生の間には、業想念にまみれて、全く光を見失い道に迷ったこともあるかも知れません。でもこうやって父の許へ帰ってきた。赦されて五井先生にまみえることが出来た。五井先生に出会い、世界平和の祈りを祈るようになったということは、もう赦されたということ、救われたということではないでしょうか。

一度祈れば、世界平和の祈りは鳴りひびいている、と五井先生はおっしゃいます。五井先生によって再び点火されたいのちの火は、もういかなることがあっても消えることはない。はじめは小さな火であっても、だんだん大きく燃えあがり、いのちからいのちへと燃えひろがってゆくに違いありません。

生き甲斐とは

テレビや新聞で青少年にまつわるいろいろな事件や、原因のはっきりしない自殺等がよく報道されます。人生の目的、生き甲斐というものをしっかり摑んでいない人間は、根無し草のようなもので、ちょっとした不幸にも参ってしまうかも知れません。これは若いとか年輩であるとか年齢に関係なく言えることだと思います。

「精神の持ち方によって、どれだけその人間の働きが有意義な方向に向けられるか、という、根本教育はなおざりにしていて、只単なる学問技術のみの教育になってしまっては、人間が単なる学問技術の機械となり、本能発散の人形と化してしまう恐れがあるのです。恐れというより、今日では全国的にそういう傾向に向かっているのであります。

うちに燃えている生命エネルギーを精神の深いところからくる、いわゆる人類として万物の霊長としてある、霊の元なる大智慧からくる、流れの方向にむけて重点的に働かし得るように、もっと易しく言いかえれば、人類進化のための働きに使い得るように、無駄なエネルギーの使い方をせぬような、そういう精神の在り方を、青年は知らなければならないのです。それを青年に知らせるのは、教授や先生方をはじめ、父兄や先輩たちなのであります」

と五井先生は書いておられます。

でも私の経験からも、学校の教授や先生方にそういう指導者を求めるのは現実には難しいのではないかと思います。

やはり、五井先生のような人類の大導師が絶対に必要なのです。そして真理の教え、真理の書物の普及というものがどうしても必要となってくるのです。

五井先生は、「もっと人間性の探究を」という見出しで書いておられます。

「人間というものは、何度びとなく生死を繰りかえし、肉体の世界から、幽界或いは霊界へ、霊界、幽界から肉体界へというように、何生という生涯を経て、自己完成を遂げてゆくのでありますが、その自己完成の道と、人類の為の働きが同時になされてゆくものであるから、常に自己の身心を磨いてゆくことが人間にとって必要なことで、この人生を只快楽のためだけに送るということは、生命を生かしていない、死の世界の日々、ということになるのです。それは大きな生命の流れの中から外れた、生命エネルギーの無駄使いということになり、空虚な生活であるからなのです。

そこで人間は青少年のうちから、常に自己の生命を真実に生かす道をみつけ出す努力をはらい、大生命の流れに一日も早く合致して生きることを学ばねばなりません。」

先生のおっしゃるように、生き甲斐とは、自己完成と世界人類のための働きを同時にする所にあるのだと思います。これを言い換えますと、天から自己に与えられた使命、つまり天命を完うしてゆくことこそ私たちの生き甲斐であると思います。そしてその天命は、個人人類同時成道の世界平和の祈りを祈りつづけてゆくことによって自然に成就されてゆくのであります。

天命といってもどこか遠くにあるのではありません。自己の置かれた立場で一生懸命祈り心で生命《いのち》を生かしてゆくところにあるのです。なぜなら、その人の天命が何であるか一番よく知っているのはその人の守護霊さんであり、守護霊さんが、一番天命を完うしやすい立場にその人を置いてくださっているからです。現在自分の置かれている立場が自分の意にそまないものであっても、将来のためには必要な場合が多いのです。

私の場合で申しますと、私が編集の仕事を始めたのはヨガ道場でしたが、これは自分が望んだというよりは、成りゆきでそうなったのでした。その後就職する時、友人の紹介で記録映画をつくっている会社に履歴書を提出したのですが、その会社が左前だというので、同じグループの出版社に廻されてしまいました。これも成りゆきです。そのうちその出版社が整理されて観光会社へ移り、また間もなく、親会社の住宅会社の出版部に配属されました。でも仕事そのものは一貫して編集、出版の仕事でした。

途中で仕事が嫌《いや》になって、斎藤秀雄先生に会社をやめたいと相談したこともありましたが、「どうせやめるなら、惜しまれてやめるようになりなさい」と言われて、ギャフンとして、また心を入れ換えて仕事に励んだこともありました。そうしているうちに自分は編集に向いていると思えるようになり、講習会に出たりして勉強もしました。

やがて青年部の「青空」の編集をするようになり、その後、会社勤めをして丁度十年目に、高橋英雄先生よりお話があり、出版局で働くようになったのです。

今ではこの仕事が自分の天職であると思っています。今日までの自分の歩みをふり返りますと、今日こうなるように守護霊さんが自然に導いてくださっていたことがよくわかります。

祈りによる世界平和運動に参加しよう

神様のみ心そのものである世界平和の祈りを祈ることは神様と一体となることです。永遠の生命の流れと一体となり、永遠の生命を宇宙の中に鳴りひびかせていることです。

この祈りを祈るのに、何の条件も資格もいりません。寝たきりの病人でも、子どもでも祈れる祈りです。

また世界平和の祈りは天地万物の本質と交流する祈りです。星々を回帰させている大いなる力と同化する祈りであり、空々寂々空寂々という玄妙なる世界に通じている祈りです。

「青年よ大志を抱け、とクラーク博士がいわれましたが、私はその大志が永遠の生命につながる、真理の世界、完全平和達成のための働きの一員となる、というような深い広い意味の大きな志であることを青年に望みたいのです。青年には様々の夢があります。

恋愛の夢もあり、仕事に対する理想もあります。私はその理想の根本に世界のすべての人々が真実に心を開いて、地球世界の完全平和のために手をつなぎ合う、というそういうドラマチックな、大理想を持って貰いたいと思っているのです。

枝葉のささいなことに把われることなく、祈りによる世界平和運動のために働きつづけようという大志を、青年の皆さんが等しく抱くならば、日本の国運も非常に明るいものになることでありましょう」

と五井先生はおっしゃっています。これはあに青年のみならず、すべての人々に対する五井先生の呼びかけだと思います。

五井先生とその教えを知り、世界平和の祈りを祈るということは、幾生をかけた私たちの念願の成就に他なりません。

世界平和の祈りによって、五井先生と一体となり、この大宇宙に永遠の生命を鳴りひびかせ、この地球上に全く新しい歴史を創り上げていこうではありませんか。

どうも有難うございました。


（「青空」一九八三年三・四月号）

ふく風たつ浪の音までも

一遍上人における日本的霊性について

日本的霊性と浄土門易行道

「世界平和の祈り」と「我即神也の印」は人類にとって普遍的な真理ですが、日本人である五井先生と昌美先生によって提唱され、日本人である私たちによってまず実践されているというのも事実であります。そこには、それらの真理を生み、育む日本的霊性とも言うべき土壌があるのだと思います。

私は、日本人としての個性と人類としての普遍性は、決して矛盾しないと思います。いやむしろ、よき日本人であることは、よき人類であるための一つの大切な要素ではないかと考えます。

その日本的霊性が最も端的に現われたものとして、鎌倉時代に確立された浄土門易行道があると思います。そして五井先生は、世界平和の祈りは、その浄土門易行道の念仏の現代版であると繰り返しおっしゃり、また書いておられます。

さて、世界平和の祈りが念仏の現代版であるとするならば、念仏の中に、現代に通ずる真理がすでに含まれている筈です。

鎌倉時代と現代

鎌倉時代には法然、親鸞、道元、一遍などの素晴らしい宗教者が現われました。鎌倉時代は古代から中世への日本の大きな転換期でありました。古代の氏族社会や律令制が崩壊し、親兄弟、親族がお互いに争い戦い、変転常のない無常の世、末法の世であるという認識が人々の心を強く捉えていました。

事実、法然、親鸞、道元、一遍、みな幼くして、父母と生き別れ、死に別れした方々ばかりで、法然さんの父は、在地武士との争い事に巻き込まれて、殺されております。そのような無常なる末法の世に、確かなるものを求め求めて、それぞれたった一つのものを選ばれました。

法然さんは「南無阿弥陀仏」という唱名念仏を。

親鸞さんはその念仏を説く法然上人を信じることを。

道元さんはひたすら坐る座禅を。

一遍さんは「南無阿弥陀仏」と、声に出して唱える口唱《くしょう》の念仏を。

これらの祖師方によって、それまで国家や支配階級のためのものであった仏教が、一般大衆の実践できる教えとなり、女性も信仰生活を送れるようになりました。このことは日本史のみならず、世界史的に見ても、特筆大書すべきことで、これらの方々は日本が世界に誇るべき偉大なる宗教者であると思います。

そして、鎌倉時代が日本の大転換期であったとすれば、二十世紀から二十一世紀に移ろうとしている世紀末の現代は、それ以上の、地球的規模の世界的な大転換期です。だからこそ、五井先生、昌美先生が今生に生まれられて、人類を遍《あまね》く救う普遍的な真理を説かれているのだと思います。

一遍上人と私たちの生き方

さて、私はもともと一遍上人という方が好きだったのですが、最近ますます、一遍さんのことが思われてなりません。

それは一遍さんの念仏の中に、「消えてゆく姿で世界平和の祈り」だけでなく、「地球世界感謝行」や、「我即神也」「人即神也」「人類即神也」など、最近、昌美先生が説かれる真理が含まれていて、私たちの現在の生き方と深く響き合うものを感じるからであります。我即神也の宣言をし、印を組んでいるうちに、一遍さんの存在がよりはっきり見えてきたとも言うことが出来ます。

そこで、一遍さんの生き方を通して、日本的霊性や日本文化の特長、また日本人としての私たちの使命について考えてみたいと思います。

それは別の角度から五井先生、昌美先生の教えを理解し、ひいては私たちの永遠のテーマである、自分自身を知ることにつながると確信いたします。

五井先生の一遍上人観

それでは、五井先生は一遍上人をどのように見ていらっしゃったのでしょうか。

「白光」昭和三十年五月号掲載の「世界平和を築く道」という講演会の講話の中で、先生は、「南無阿弥陀仏を唱えるにしても、実際は幾通りもの唱え方をしているのですが」として、「然し同じ浄土派でも一遍上人の様に、自分の中の仏が、阿弥陀仏と一体になる唱名だ、と言っている人もあります」とおっしゃっています。

また、「もっとも一遍の念仏踊りの様に高揚したものもありますが、これは内部の仏が宇宙神である阿弥陀仏と一つになるのだ、という一遍上人の大乗的悟りによる内容的明るさによる高揚であり熱情であるのです」とおっしゃっています。

「内部の仏が宇宙神である阿弥陀仏と一つになる」という言葉に注目していただきたいと思います。このように、五井先生は、一遍上人の唱名念仏の積極性と明るさを高く評価されているのであります。

また五井先生は、『非常識・常識・超常識』という著書の「真の念仏と世界平和の祈り」

という法話の中で、「浄土門には偉い人がかなり出ていますが、ここに、忘れてはならない人を一人あげますと」として一遍の名をあげられ、「明朗豪快な、自力の行者型にみえる人柄でいて、他力念仏行に徹した人であり、深く心に残る人であります」と書いておられます。

融通念仏と四天王寺

一遍上人（一二三九〜一二八九）は今から約七百年前の鎌倉時代の人ですが、「空也上人はわが先達なり」と、平安時代中期に活躍された空也上人を大変尊敬しておりました。

空也上人は、往来に立って人々に念仏を勧めたので市聖《いちのひじり》と言われ、一遍上人は、すべてを捨てて念仏をすることを勧めたので捨聖《すてひじり》と呼ばれました。

一遍さんは、自らの念仏を『融通念仏』と呼んでいます。融通《ゆうずう》とは融通無碍の融通、融通手形の融通です。ですから、融通念仏とは、自他の念仏が合い通じて、相乗作用をなすというもので、念仏によって自己が阿弥陀仏と一体となって救われると同時に、横にも働きかけて助け合うというものです。

五井先生のお言葉で言えば、縦横十字交差の真ん中に立った念仏ということが出来ると思います。

具体的に申しますと、多くの大衆とともに、声に出して高らかに念仏合唱するところに大きな特長があります。

その融通念仏の当時の拠点の一つが難波の四天王寺であったようです。四天王寺は聖徳太子が建立された日本最古のお寺ですが、庶民大衆の素朴な太子信仰と一体となって、浄土信仰の一大中心地でもあったのです。

聖徳太子は日本に初めて仏教を導入された方ですが、同時に日本の真実《ほんとう》の姿を知り、神の道にも通じておられた、と五井先生は『日本の心』で書いておられます。

太子は当時の大国、隋に対しても、「日出づる処の天子、書を日没する処の天子に致す。恙《つつが》無きや、云云」と、毅然たる外交を展開しておられます。

念仏勧進、念仏賦算の旅

一遍さんは「一代の聖教皆尽きて、南無阿弥陀仏になりはてぬ」といって、最後まで持っていた書籍も燃やしてしまったような人ですから、何の著書も書いていませんが、聖戒《しょうかい》という弟子が中心になって、上人の死後十年の歳月をかけて制作した『一遍上人絵伝』、普通『一遍聖絵《ひじりえ》』と呼ばれる素晴らしい絵巻物が残っています。また弟子が書きとめた語録や手紙なども残っていますが、それらすべての言葉を集めても、薄い岩波文庫一冊(『一遍上人語録』)に全部収まるくらいの分量です。

その一遍聖絵にも描かれておりますが、一遍さんはこの四天王寺から、念仏勧進《かんじん》、念仏賦算《ふさん》の旅を始めます。

賦算とは、念仏を勧めて、『南無阿弥陀仏 決定往生六十万人』と木版で刷られた縦七センチ半、横二センチの小さな札を配ることです。この御札は私たちの平和ステッカーをごくごく小さくしたものを考えてもらえばよいでしょう。つまり普及活動ですが、当時としては画期的な結縁の方法だったと思います。

さて、出家して超一、超二という尼になったかつての妻と娘を伴った一遍さん一行は高野山を通り、さらに熊野本宮へと向かいます。当時は、熊野詣《もう》でが盛んで、上皇もよく御《ご》幸《こう》しておりましたし、街道の人通りも多かったようです。

すると、上の方から、二人の高貴な女性と三人の従者を伴った上品な老僧が下ってきます。さっそく、一遍さんは念仏を勧めて、御札を渡そうとすると、「私は今一念の信心が起こらず、もし受け取ったら、自らの心を偽ることになります」と、拒絶されてしまいます。そこで、「受け取ってください」「いや受け取れません」と押し問答になって、人だかりがしてきましたので、ついに一遍さんは、「信心おこらずともうけ給へ」と、無理やり押しつけて通り過ぎました。

しかし、一遍さんの心は痛み、すっきりしません。

大変な決意と意気込みで念仏勧進の旅を始めたばかりなのに、さっそく「信・不信」という宗教上の大問題に突き当たってしまったのです。この問題を解決しない限り、これから先、念仏賦算の旅を続けることが出来ません。これは、私たちが五井先生、昌美先生の教えを人々に勧める時にも、よく出合う、普遍的な問題であります。

信・不信をえらばず

そこで、一遍さんは熊野本宮の証誠殿《しょうじょうでん》に籠り一心に祈ります。

すると、御殿の戸が開いて、熊野権現が白装束の山伏姿で現われ、神慮を告げられます。背後には三百人の山伏が平伏しています。その言葉が素晴らしい。

「融通念仏すゝむる聖、いかに念仏をばあしくすゝめらるゝぞ、御房のすゝめによりて一切衆生はじめて往生すべきにあらず、阿弥陀仏の十劫正覚《じゅうごうしょうがく》に、一切衆生の往生は南無阿弥陀仏と決定《けつじょう》する所なり。信・不信をえらばず、浄・不浄をきらはず、その札をくばるべし」

（融通念仏をすすめる聖よ、どうしてそんなに念仏を無理じいするのですか。あなたのすすめによって、一切衆生ははじめて往生するのではありません。十劫の大昔に、法蔵菩薩が「南無阿弥陀仏と唱えた人が、すべて救われなければ、自分は仏にならぬ」と宣言して阿弥陀仏になられた時に、一切衆生の往生は、南無阿弥陀仏と決定《けつじょう》しているのです。だから、信・不信をえらばず、浄・不浄をきらわず、無心にその札を配ればよいのです）

と告げます。上人の気負いは微塵に打ち砕かれましたが、ここに上人の教えは確立し、以後、死に至るまで、念仏勧進、念仏賦算の旅を続けることになります。

この熊野権現の言葉は、阿弥陀仏を宇宙神の救済面の働きと考えれば、「人間は本来、神の子であり、神そのものである。我即神也、人即神也、人類即神也」という大宣言に他ならないと思います。

ですから、一遍さんの念仏勧進、念仏賦算の旅は、「あなたは神の子です、神そのものです」と、出会う人々の神性を礼拝する旅であったのだと思います。

釈尊の前生と言われる常不軽菩薩《じょうふぎょうぼさつ》は、出会う人々を、あなたは仏様だ、あなたは菩薩様だと、石をぶつけられても、拝んだそうですが、一遍さんの旅はこの常不軽菩薩の行為と同じであると思います。

私は、この「人即神也」と相手の神性を礼拝することが、普及活動の原点であると思います。

そして、私はふと思いました、常不軽菩薩に拝まれた人は、その時には真理に目覚めなくても、その縁によって、生まれ変わって、釈尊の弟子になったのではないかと。昌美先生も、「十万人の神人を発掘するために、人々に真理の教えを勧めても、そのことによるマイナスは決して生じません。またたとえ、その時には解らなくても、勧められたことが縁となって、その人は二十一世紀に入って、百万人の神人の候補になるのです」とおっしゃっています。

私たちは性急に結果を求めずに、結果はその人の守護霊守護神にお任せして、ひたすらその人の神性を礼拝して、真理の教えを伝えたいものです。その真摯な祈りこそ相手の心を開く秘訣であると思います。

念仏と神道

さて、坊さんが神社に籠って祈ると、神様が現われて、念仏を勧めるというのが、大変おもしろく、かつ素晴らしいことだと思います。一遍さんにとって、そこに何の矛盾もないのです。

そこで私は思うのですが、念仏は仏教の祈り言葉であると同時に、イザヤ・ベンダサン言うところの日本教の祈り言葉であると考えたほうがよいのではないでしょうか。

私たち日本人は余り理論を好まず、単純、明快で、解かりやすく、しかも限りなく奥深いものを好みます。その点、「南無阿弥陀仏」という唱名念仏、「世界人類が平和でありますように」という世界平和の祈りは、まさにぴったりの祈り言葉です。

ここで、私は五井先生の『行雲流水』という巻頭言集に載っている、先生のお母様の昇天について書かれた言葉を思い起こします。

「その最後の日の天界の華やかさは、霊眼の人々にはっきり観じられたようであった。私がその日不思議だと思ったのは、南無阿弥陀仏一筋の母の昇天が、多勢の神々天使のあまつのりと（天つ祝詞）で迎えられたことであった。念仏の極致が神道の極致と一つになっているのかも知れない。」

興願僧都への手紙

それでは、ここで、一遍さんの念仏についての考えが見事に表現されている手紙を紹介したいと思います。

「　興願僧都、念仏の安心《あんじん》を尋申《たずねもう》されけるに、書《かき》てしめしたまふ御返事
夫《それ》、念仏の行者用心《ぎょうじゃようじん》のこと、しめすべきよし承《うけたまわり》候。南無阿弥陀仏とまうす外、さらに

用心もなく、此外に又示すべき安心《あんじん》もなし。諸《もろもろ》の智者達の様々に立《たて》おかるゝ法要どもの侍《はべ》るも、皆諸惑《みなしょわく》に対したる仮初《かりそめ》の要文《ようもん》なり。されば、念仏の行者は、かやうの事をも打捨《うちすて》て念仏すべし。むかし、空也上人へ、ある人、念仏はいかゞ申《もうす》べきやと問《とい》ければ、『捨《すて》てこそ』とばかりにて、なにとも仰《おおせ》られずと、西行法師《さいぎょうほっし》の撰集抄《せんじゅうしょう》に載《のせ》られたり。是誠《これまこと》に金言《きんげん》なり。念仏の行者は智恵をも愚痴《ぐち》をも捨《すて》、善悪《ぜんなく》の境界《きょうがい》をもすて、貴賤高下の道理をもすて、地獄をおそるゝ心をもすて、極楽を願ふ心をもすて、又諸宗の悟《さとり》をもすて、一切の事をすてゝ申《もうす》念仏こそ、弥陀超世《みだちょうせ》の本願に尤《もっとも》かなひ候へ。かやうに打あげ打あげとなふれば（高く高く声高らかに唱えれば）、仏もなく我もなく、まして此内に兎角《とかく》の道理もなし。善悪の境界《きょうかい》、皆浄土なり。外に求《もとむ》べからず、厭《いとう》べからず。よろづ生《いき》としいけるもの、山河草木、ふく風たつ浪の音までも、念仏ならずといふことなし。人ばかり超世の願に預《あずかる》にあらず。またかくのごとく愚老（自己の謙称で、一遍を指す）が申事《もうすこと》も意得《こころえ》にくゝ候はゞ、意得にくきにまかせて愚老が申事をも打捨《うちすて》、何ともかともあてがひはからずして、本願に任《まかせ》て念仏したまふべし。念仏は安心して申も、安心せずして申も、他力超世の本願にたがふ事なし。弥陀の本願に欠《かけ》たる事もなく、あまれることもなし。此外にさのみ何事をか用心して申べき。たゞ愚《おろか》なる者の心に立《たち》かへりて念仏したまふべし。

南無阿弥陀仏　　　一遍

興願僧都　　　」

五井先生は、先に紹介した『非常識・常識・超常識』という著書の「真の念仏と世界平和の祈り」という法話の中で、この手紙を引用され、次のように称《たた》えておられます。

「この全託の言葉には、全く恐れ入ったという他はありません。仏心一如の境地、神我一体の境界に、この念仏ならなり得るわけです。やはり他力の人々はここまで全託しなければいけないのだと思いますので、この境界を目ざして念仏行をしてゆくべきです。ここまでゆけば、絶対力の働く境地でありまして、聖道門の聖者の行きついたところと同じところにいたるわけです。他力門にしても聖道門にしても、この境界に来れば何もいうことはないのであります。」

これは絶対他力が絶対力に転化する境地、「消えてゆく姿で世界平和の祈り」が「我即神也」になる境地であると言うことが出来ると思います。

私は、特に「よろづ牛きとしいけるもの、山河草木、ふく風たつ浪の音までも、念仏ならずということなし」という所に強く心が引かれました。ここに宗教と美の世界、芸術との接点があると思います。

五井先生は宗教家は詩人でなければならないとおっしゃいました。五井先生ご自身がまさにそうですが、一遍さんもまた大変すぐれた詩人であると思います。その言葉の的確な表現にはいつも驚かされます。

念仏踊り

一遍上人の融通念仏は大勢の人々が声高らかに唱名念仏する合唱形式に特長があると申しましたが、信州のある武士の館に招かれて、念仏合唱しているうちに人々の心も体も高揚してきて、手の舞い、足の踏む所をしらず、自然に踊りになってしまいました。有名な念仏踊りの始まりです。

この念仏踊りは当時の人々に大いに歓迎されて、爆発的な人気と広がりを示すようになります。

すると、念仏を唱えながら踊るとはけしからん。男女が一緒になって踊るとはけしからんと、各所から非難されます。だが、一遍上人は、それらの非難には一切心を動かすことなく、

はねばはね踊らばをどれ春駒《はるこま》ののりの道をばしる人ぞしる

と歌で応え、人々に念仏踊りを勧めています。春駒とは、春の馬の元気のよいさまを表わし、のりの道とは、法《のり》の道、真理の道という意味です。

美の宗教

合唱形式の唱名と念仏踊りは一遍上人の念仏の最大の特長です。大勢の人々が一緒に念仏合唱する、あるいは、念仏しながら踊ることによって、同じ感動を共有することになります。そこに一つの共同の時間・空間が生まれ、カタルシス（浄化）が生まれます。

そこにさらに、さまざまな芸能との接点が生じ、文化が生まれることになります。

念仏踊りから日本各地に伝わるさまざまな盆踊りが派生したことはよく知られております。また念仏踊りから出雲の阿国《おくに》の阿国歌舞伎が生まれ、歌舞伎に発展したと言われております。

一遍聖絵《ひじりえ》には、花のもと教願という連歌の宗匠との交流とその往生が描かれておりますし、晩年、上人は聖地を巡るごとく、各地の神社を訪れておりますが、上人を迎えて、吉備津神社でも、厳島神社でも舞楽の奉納が行なわれたことが聖絵に美しく描かれております。

このように、念仏踊りはもちろん、連歌や舞楽に常に迎えられる宗教者や教団は他にないと思います。

時代が下って、室町時代、足利将軍家をとりまく同朋衆《どうぼうしゅう》には、観阿弥、世阿弥、能阿弥など時衆《じしゅう》の僧号である阿弥号をもった芸能者たちが多くいて、連歌、能楽、茶道、花道、庭園などの文化が花ひらいたことはよく知られています。

これら阿弥文化とも言われる日本固有の文化が、一遍上人の影響の下に成立したことは、大変興味深いものがあります。

一遍さんは宗教家であると同時に、日本文化の原型をつくった人、日本人の美意識に決定的な影響を与え、日本人の無意識の世界に大きな影響を与えた人と言うことが出来ると思います。

それでは、一遍上人語録と聖絵から、上人の思想や人となりがうかがわれる言葉やエピソードを幾つか紹介しましょう。

一人生まれ、一人生きて、一人死す

おのづから相《あい》あふ時もわかれてもひとりはいつもひとりなりけり

空也上人ゆかりの京都の市屋道場で教化された頃に詠んだ歌です。

また、次のような言葉もあります。

「生《しょう》ぜしもひとりなり、死するも独《ひとり》なり。されば人と共に住するも独なり。」

これはまさに昌美先生の「一人生まれ、一人生きて、一人死す」の真理と全く同じです。

自分という人間は、この宇宙にたった一人しか存在しない。一人なるが故に、その存在が尊く、またその体験が尊く、かけがえがないのだと思います。

只今の念仏

「只今の念仏の外に臨終の念仏なし、臨終即平生《へいぜい》なり。」

一遍上人の念仏は、死後の往生のためのものではなく、永遠なる現在、今のいのちを生ききるための念仏です。その実践者たちが時衆というモダンな名で呼ばれたのは象徴的です。

一遍上人の融通念仏は、一時期、上は堂上貴族から下は非人と言われる人々まで、日本中を席巻するほどの勢いを示しましたが、教団組織としてはその後、日本の宗教界に大きな勢力を持つことはありませんでした。

それは、一遍さん自身に原因があると思います。一遍さんは念仏を広めようという情熱を大変強く持っていましたが、自らの教団を大きくしようという気持ちが全くなかったからです。それは、次の言葉からもうかがえます。

「又ある人問云《とうていわく》、『上人御臨終の後《のち》、御後《おんあと》をばいかやうに御定め候や』上人答云《こたえていわく》、『法師のあとは、跡なきを跡とす。跡をとどむるとはいかなる事ぞ。われしらず。世間の人のあとゝは、これ財宝所領なり。著相《じゃくそう》（執着の対象となる物質）をもて跡とす。故にとがとなる。法師は財宝所領なし。著心《じゃくしん》をはなる。今、法師が跡とは、一切衆生の念仏する処これなり。南無阿弥陀仏』。」

此僧《このそう》は日本一の狂惑の者哉《ものかな》

「又、上人、筑前国《ちくぜんのくに》にて、ある武士のやかたにいらせ給ひければ、酒宴の最中にて侍《はべ》りけるに、家主、装束《しょうぞく》ことにひきつくろい、手あらひ口すゝぎておりむかひ、念仏受けて又いふ事もなかりければ、上人たち去り給ふに、俗（僧に対する俗、家主の武士のこと）の云《いう》やうは、『此僧《このそう》は日本一の狂惑の者哉《ものかな》。なんぞ貴き気色《けしき》ぞ』といひければ、客人の有《あり》けるが、『さてはなにとして、念仏をば受け給ふぞ』と申せば、『念仏には狂惑なき故なり』とぞいひける。（その言葉を後で知った）上人の云《いわ》く、『おほくの人に逢《あい》たりしかども、是ぞまことに念仏信じたるものとおぼえて、余人は皆人を信じて法を信ずる事なきに、此《この》俗は依法不依人《えほうふえにん》（法に依り、人に依らず）のことわりをしりて、涅槃《ねはん》の禁戒（釈尊が涅槃の時に遺《のこ》された戒め）に相《あい》かなへり。珍《めずら》しき事なり』とて、返々《かえすがえす》ほめ給ひき。」

上人が九州を遊行《ゆぎょう》したのは文永、弘安の二回の元冦《げんこう》の役《えき》の間の時期に当たります。当時、北九州には多くの武士が駐屯し、世情騒然としていました。

ぬっと一人で入ってきた勧進僧を見てただならぬものを感じ、「此僧は日本一の狂惑の者哉《ものかな》」と見抜いた武士。そういう自分を信じたからではなくて、「念仏には狂惑なき故なり」として、威儀を正して念仏を受けた武士をほめる上人。そこに鎌倉武士のむき出しの倫理とその美しさ見る思いがいたします。

一遍さんも元は武士です。一遍聖《ひじり》は伊予国《いよのくに》松山の生まれ、瀬戸内海を中心に活躍した水軍河野氏の棟梁の家柄ですが、祖父通信《みちのぶ》の頃、承久《じょうきゅう》の乱で家領は没落し、一遍の生まれた当時は、父も出家してひっそりと生活していました。

たちまち害心うせて

上人は備前国《びぜんのくに》藤井の政所《まんどころ》（政務、庶務をつかさどる所）で念仏を勧めました。家主は吉備津神社の神主の子息ですが、たまたま外出中で、その妻は上人の話を聴聞してにわかに発《ほっ》心《しん》して髪を下ろし、出家してしまいます。

外出から帰った神主の息子は妻の姿を見て驚き怒り、「件《くだん》の法師輩《ばら》、いづくにても尋ね出して責め殺さむ」と大太刀を脇にはさみ、騎乗して追いかけます。弓矢と太刀で武装した二人の家来が後を追います。やがて福岡の市で念仏を勧めている聖《ひじり》を見つけ、路上での対決となります。

聖絵は、大太刀に手をかける男と、左手に数珠を持ち右手で男を指して前かがみに立つ聖、それを見守る人々、またそんな出来事に気づくこともなく、大まな板の上で大きな鯉を料理する男や、升で米を量る男、布を品定めする女など、市の様子を生きいきと描いています。

ここで私は、五井先生の『小説阿難』の中の孫陀利《そんだり》姫の家の前での阿難《あなん》と摩須羅《ますら》の出会い、対決の場面を思い出します。

一瞬ののち、聖がまだ見たことのない男に向かって、「汝は吉備津宮の神主の子息か」と一声尋ねると、男はたちまち怒りがやみ、「害心うせて、身のけもよだちたふとく（貴く）おぼえけるほどに、即本鳥《もとどり》きりて、聖を知識として出家をとげにけり」と詞書《ことばがき》は記し、次の場面で、上人に髪を下ろしてもらっている豪士を描いています。名誉も力もある男には聖を殺すほかに、中途半端な解決法はなかったと思いますが、とっさに彼が取った行動は自らの出家という決断でした。家も世も命もすべてを捨て切った捨聖《すてひじり》一遍には、純粋に人を引きつける迫力と魅力があったのでしょう。

「この地にて出家をとげるもの二百八十余人」と詞書は記しています。

念仏勧進を我《わが》いのちとす

「又上人、鎌倉にいたり給ふ時、故ありて武士かたく制止していれたてまつらず（執権北条時宗が山内に出向したので、武士が道路の往来を制止した）、殊さらに誹謗《ひぼう》をなし侍《はべ》りければ、上人云《いわく》、『法師にすべて要なし。たゞ人に念仏をすゝむるばかりなり。汝等いつまでかながらへて、かくのごとく仏法を毀謗《きぼう》すべき。罪業にひかれて冥途におもむかん時は、念仏にこそたすけられ奉べきに』と。武士、返答もせずして、上人を二杖まで打《うち》奉るに、上人はいためる御気色もなく、『念仏勧進を我《わが》いのちとす。然《しか》るを、かくのごとく戒められれば、いづれの所へか行《ゆく》べき。こゝにて臨終すべし』と曰《い》へりと云々。」

上人一行は結局、鎌倉入りを果たすことが出来ませんでしたが、上人はここで、法(真理)はいかなる世俗的権力によっても侵されてはならないことを示したかったのだと思います。

華のことは華にとへ

「又或人、紫雲たち、華降《はなふり》けるを、疑《うたがい》をなしてとひ奉りければ、上人答云《こたえていわく》、『華の事は華にとへ、紫雲の事は紫雲にとへ、一遍はしらず』と。」

これは霊的な現象に対する上人の姿勢を示しています。このように決然と言われると、一遍という人を、一遍に信じてしまいます。

この言葉は、芭蕉の「松のことは松に習へ、竹のことは竹に習へ」という言葉を連想させます。

事実、芭蕉は一遍上人の影響を受けていると思います。奥の細道に「日々旅にして旅をすみかとす」という言葉があります。人生を旅にたとえることは私たち日本人には本能的に理解できることですが、一遍さんの一生は文字通り「日々旅にして旅をすみかとした生涯」であったと思います。

上人の臨終

聖絵もいよいよ最後に近づきました。

「又或人かねて上人の御臨終の事をうかがひたてまつりければ、上人云《いわく》、『よき武士と道者（仏道を修行する者）とは、死するさまを、あたりにしらせぬ事ぞ。わがをはらんをば、人のしるまじきぞ』と曰《い》ひしに、はたして御臨終、その御詞《おことば》にたがふ事なかりき。」

一遍さんは、最期までかっこいい人だと思います。

そういえば、五井先生もご帰神された時には、誰もお側におりませんでした。

そして、すべてが見事に調えられていて、何の混乱もなく、その後、本会が昌美先生の指導の下、ますます発展していることは、皆様よくご存じの通りです。

一遍上人絵伝

『一遍上人絵伝』十二巻は関白九条忠教《ただのり》の勧進によって、弟子の聖戒《しょうかい》がみずから詞書《ことばがき》の文章を作り、法眼円伊《ほうげんえんい》という絵師に絵を描かせ、能筆の公卿四人の詞書の清書によって成ったと言われています。

十五歳で伊予の生家を出て修行のため九州へ向かう時より、兵庫の観音堂での臨終まで、一遍上人の生涯を詞と絵でつづったこの聖絵《ひじりえ》は、上人の「よろづ生きとしいけるもの、山河草木、ふく風たつ浪の音までも、念仏ならずといふことなし」という世界観をそのまま表現した傑作です。

そこには一木一草から烏や犬、床下に眠る乞食まで、生きとし生けるものすべてに対する宇宙的な愛（すべての存在への愛）がみなぎっています。

そして、このような絵巻を十年の歳月をかけて制作させたのも、聖戒をはじめとする多くの人々の上人に対する無限なる愛であったと思います。

時間の推移と空間の移動の巧みな処理、詞（文と書）と絵が渾然一体となって一つの宇宙を表現する絵巻物は、日本が世界に誇るべき総合芸術であると思います。

私たちは諸国遊行の聖

先に、能楽の大成者、観阿弥、世阿弥父子も一遍上人の教えの影響下にあったのではないかと書きましたが、私がかつて観た『遊行柳』という観世小次郎作の能は、次のようなワキの名のりから始まります。

「これは諸國遊行の聖にて候《そうろう》。我一遍上人の教へを受け、遊行の利益《りやく》を六十餘州に弘め、六十萬人決定《けつじょう》往生の御札を普《あまね》く衆生に與《あた》へ候。この程は上総《かずさ》の國に候ひしが、これより奥へと志し候。」

能には必ずと言っていいほど、ワキとして諸国遊行の聖、あるいは諸国一見の僧が登場します。そこへ思いを残してなくなった主人公・シテが登場して、ワキと問答したり、いろいろ物語りしたり、舞を舞ったりして、やがて成仏して消えてゆきます。あるいはワキはその地の神霊や精霊と交流したりします。

この曲の場合は、柳の老木の精が老翁の姿で現われ、聖の念仏によって草木ながら成仏できる喜びを語ります。

私はふと思いました。私たちは、まさに諸国遊行の聖ではないかと。鎌倉・室町時代から七百年後の現代、私たちは五井先生、昌美先生の教えを受けて、世界平和の祈りと我即神也の真理を六十余州ならぬ、世界百九十余国に普《あまね》く広めんとしている聖なのだと思います。

私たちは祈りと印によって、その国、その土地の歴史的因縁を浄め、その国、その土地の神霊と交流し、また自らの仕事を通して天命を完うしようとしています。

さらに今、全く新しい真理、人類即神也の印によって、人類のカルマを浄めつくさんとしているのだと思います。

そういう聖たちが集まるのが聖ヶ丘（市川市郊外にあった道場）であり、富士聖地であります。

一人生まれ、一人生きて、一人死す。

私たちは、自分という存在の尊さと体験のかけがえのなさを自覚し、ますます生命輝《いのちかがや》かに生きてゆこうではありませんか。

〈参考文献〉
『一遍上人語録』岩波文庫
『一遍上人絵伝』中央公論社「日本の絵巻20」
『一遍―旅の思索者』栗田勇著、新潮社

（「白光」一九九七年九月号・十月号）

私のルネッサンス

フェルメールのこと

私は最近、内なるものが開き自分が変わりつつあるのを感じます。現在も進行中のこの変化を私は〝私のルネッサンス〟と呼んでいるのですが、そのきっかけとなりましたオランダでの出来事について書いてみたいと思います。

アムステルダムにて

私は昨年一九九六年の秋、吉川譲さんと共に、錬成会と集会のためにヨーロッパへ派遣され、ロンドン、アムステルダム、パリの三都市を回ってまいりました。

パリは、その十年前の一九八六年に行なわれた「パリ世界平和を祈る国際大会」の準備のために、三回にわたり滞在したことがあり、旧知の会員さんも多く、私には懐かしい街です。

ロンドンも一九八九年に四カ月間、ロンドン・プレヤーベースに滞在したことがあり、これも懐かしい街です。

アムステルダムは初めてでした。ロンドンの錬成会も無事終わり、十月一日スキポール空港に着きましたら、会員の増野あおいさんと家喜美子さんが出迎えてくださいました。増野さんは本会の講師、家喜さんはヨーロッパを中心に演奏活動をしているチェンバロ奏者です。

その晩の増野さん宅での集会には、他に二名の方が参加しました。皆さん熱心に世界平和の祈りを祈り、我即神也の印を組んでいる方ばかりですので、少人数ながらとても充実した楽しい集いでした。

お話やお浄めも終わり、私はふと、

「私はフェルメールが大好きです」

と言いました。すると、家喜さんも、増野さんも、他の人たちも眼の色が変わりました。

みんなフェルメールの大ファンだというのです。すっかり意気投合して、それでは明日、丁度スケジュールが空いているので、フェルメールを見にゆきましょうということになりました。フェルメールは十七世紀のオランダの画家です。

ハーグにて

翌日、私たちは列車でハーグに向かいました。マウリッツハイス王立美術館は大きな掘割に突き出るように建っています。

その数カ月前、ＮＨＫ教育テレビの「日曜美術館」で、ここで開かれたフェルメール展を紹介していました。これだけの作品を一堂に集めるのは今後不可能だろうと言われた同展は大変な人気で、世界中から集まったファンの列が美術館をとり囲み、その強い要望によって会期を延長することになったと報じていました。

もちろん、そのフェルメール展は終了していましたが、有名な「デルフトの眺望」と「青いターバンの少女」など常設の作品をゆっくりと見ることが出来ました。「青いターバンの少女」は小品ながら魅力的な作品で、数年前、上野の西洋美術館で見て以来の再会でした。

さて、私たちが美術館を出て広場にまいりますと、花で飾った四頭だての白い馬車が止まっており、御者が待っていました。やがて広場に面した大きな古い教会から、結婚式があったのでしょう、花嫁花婿と小さな男の子と女の子が出て来て、馬車に乗り込むと、広場を出て行きました。

私たちも広場を出て歩いておりますと、「デルフト」と行き先を表示した市電がやって来ました。デルフトって、フェルメールが生まれて死んだ、あのデルフトではないか。それでは、せっかくだから、デルフトまで行きましょう、ということに急になりました。

デルフトにて

オランダの田園風景の中を二両連結の市電に乗って三十分程かかりデルフト市に着きました。駅付近は何の変哲もない街ですが、小さな森を抜け旧市街に入りますと、中世のままのたたずまいの街並や運河が続きます。伝統志向が強いヨーロッパでは、このように外観を中世のままに保存した街並がよく見られます。もちろん、建物の内部には電気やガス、水道が通じていて、市民が普通に生活しています。

急に視野が開けて、街の中心のマルクト広場に出ました。広場の東側に新教会が建ち、その向かい側にシティホールが建っています。この広場を中心とした旧市街でフェルメールは生まれ、修業をし、結婚し子を生《な》し、画家として働き、死にました。

フェルメールの生家に近い「デルフトの小路」に描かれた一角は、現在は自転車屋になっていました。そのうちお昼になりましたので、広場に面したカフェに入って軽い昼食を取り、表へ出ましたら、なんと、先程ハーグの広場で見たあの花嫁花婿の乗った白い馬車がやって来るではありませんか。「あっ、あの馬車だ」と皆で顔を見合わせました。

さらに散策しながらシティホールにやってきますと、またあの馬車が止まっていて、ホールの中には親族や友人たちでしょうか、人々が大勢集まっていて歓声をあげています。間もなく花嫁花婿が出てきて、皆に祝福されて馬車に乗り込みますと、また広場を出て行きました。

それから私たちは土産物屋やデルフト焼きの工房をのぞいたりしましたが、藍《ブルー》の染め色が特徴のデルフト焼きは、日本の伊万里焼きの染付けを真似たのではないかと、ふと思いました。日本が鎖国をしていた江戸時代でも、オランダとだけは長崎で交易しており、日本の磁器はヨーロッパで珍重されたそうですから、その影響があったとしてもおかしくありません。オランダと日本との不思議な縁《えにし》を思いました。

最後に、私たちは旧教会の中のフェルメールの墓に詣りましたが、石畳の床に

JOHANNES VERMEER
1632 — 1675

と刻まれただけの、至ってシンプルなもので、いかにもフェルメールらしいと好ましく思いました。

夕方になったので帰ろうと森の中を通りますと、ある建物の前に、なんとまたあの馬車が止まっているではありませんか。披露宴でもあるのかもしれません。

まるで私たちを案内するかのように、異なった場所で四回も会った花飾りされた白い馬車。何のメッセージかわかりませんが、さすがにある眼に見えないものの意志を感ぜずに

はいられませんでした。きっと何かのお祝いなのだと思いました。

フェルメールとの出会い

私がフェルメールに強く引きつけられたのは、大学一回生の頃、教養部の木造の図書館の新刊コーナーに、フェルメールの大きな画集が入っていて、日当たりのよいテーブル上で、その画集をゆっくり見た時以来です。その完璧なる構図と洗練された色彩は、日常生活のさりげない一瞬を描きながら、永遠なるものを感じさせると思いました。

フェルメールは一作に長い時間をかける寡作家で、四十二歳で亡くなったこともあって、現存する作品は三十点余りしかありません。生存中は名声も高く、その絵は完成するとすぐに買い取られたそうですが、その後永い間忘れ去られ、十九世紀末から今世紀にかけて突然、その声価が高まり今日に及んでいます。その美の発見者の一人に、二十世紀前半を代表するフランスの小説家で厖大な長編『失われた時を求めて』の作者マルセル・プルーストがいます。

私は一九八九年にロンドン・プレヤーベースに滞在中は、毎日部屋に籠って、定められた祈りと謹書の神事に励みましたが、土曜と日曜の休日にはよく美術館を回り、フェルメールも何点か見ました。

そしてロンドンを離れる直前に、バッキンガム宮殿内にあるクイーンズギャラリーへと参りました。ここにフェルメールの傑作があることを、各所に貼られたポスターで知っていて、最後の楽しみに取って置いたのです。

意外と小さいギャラリーでしたが、さすがに選《え》り抜きの作品ぞろいです。私の好きなブリューゲルやレンブラントもありましたが、やはり至宝というべきは、ポスターになっていたフェルメールの「音楽のレッスン」です。私は、もし完璧なる絵画というものがあるとすれば、このフェルメールこそまさにそれだと思いました。

若い女性がうしろ姿を見せて立ち、ヴァージナル（チェンバロの一種）を弾いています。それを、夫と思われる男性がヴァージナルに右手をのせて横向きに立ち、眺めています。うしろ向きの女性の袖のふくらみと正面の鏡に映った顔が魅力的です。

右手前のテーブルには赤と青のタペストリーが掛り、銅の盆に白い壺がのっています。人物とテーブルの間には床に置いたヴィオラ・ダ・ガンバ（チェロの前身の弦楽器）と青い椅子が見えます。左上の窓からの採光と、白と黒との市松模様の床はフェルメールの絵によく見られるものです。

それ程大きな絵でもなければ、目立つ絵でもありません。しかし、構図、遠近法、色彩、描かれたものの質感、すべてが完璧で、すべての音が吸い込まれるような静謐にみたされています。

ここにあるのは、日常の生活の一瞬に訪れた至福の時、〝永遠なる今〟そのものであると思いました。

一人の中年の男性が、近寄ったり離れたり、一時間余にわたって、その絵を見ていました。私もまた、何回も何回も、そこに戻っては見ていたのであります。

その頃、私は宇宙子科学統一セミナー一期生の卒業を控えており、卒論に当たる論文を書かなければならなかったのですが、昌美先生から出されたテーマは「自分の最も尊敬する人物に会い、その結果を報告せよ。どれだけ相手を引きつけられるか、自分の人格、知性、度量を試す」というものでした。

私は結局、ある画家を選んだのですが、その方と親しくなったのも、フェルメールという共通の話題があったからであり、その論文の中でも、かなりの部分をフェルメールの記述に当てました。

このように因縁のある芸術家だったので、アムステルダムの集会で、「私はフェルメールが大好きです」と言ったのですが、その結果、ハーグとデルフトで不思議な体験をして日本に帰ってきました。

家喜さんからの便り

帰国後、しばらくして、家喜さんから次のようなお便りを頂きました。

「あれ以来、フェルメールとの交流が続いています。毎日、アムステルダムの国立美術館、ハーグのマウリッツハイスと通い、フェルメールからチェンバロの弾き方まで細かく教わった日もありました。フェルメールの絵画から無限なるもの、すべてが流れてきます。そして今は、無限なる喜びを彼の絵画から受け取っています。ハーグ、デルフトと、フェルメール詣《もう》でを行なえたことが、これ程重要なことだったのかと、感謝と感動でいっぱいです。」

画家であるフェルメールからチェンバロの弾き方を教わる——素敵な話だと思いました。昌美先生は「印を通して音楽も響いてくるし、絵も響いてくるし、真理も響いてくる」とおっしゃっています。音楽も絵もその本質において一つなのだと思います。

今年になって家喜さんより、四月に東京でリサイタルを開くというご案内を頂き、初めて伺いましたが、その演奏を聴いて、バッハの持つロマンティシズムと現代性に眼を開かれる思いを致しました。

後日、家喜さんより、リサイタルが終わって、いつも演奏会に来てくださる文筆家の方が楽屋にみえて、彼女がバッハを弾いている時、フェルメールの絵が心に浮んできたとおっしゃったという話を伺いました。

フェルメールと一遍上人

その後間もなく、私はある集会に参りました。五名の方がいらっしゃいましたが、一人の方はお茶を教えていらっしゃるそうで、床の壷には紫の芍薬《しゃくやく》が生けてありました。もう一人は俳句を嗜《たしな》まれ、もう一人は油絵が趣味とかで、それでは今日はそういう話を致しましょうと、オランダでの出来事をお話ししますと、そのお茶を教えていらっしゃる方が、わざわざオランダまでフェルメール展を見に行った知人から、先日その画集を見せてもらったとおっしゃったのには驚きました。

また、この頃、私は無性に一遍上人のことをお話ししたかったので、思い切ってお話しいたしましたら、皆さん一遍さんのことを知ってとても喜んでくださいました。

この日の集会は、統一やお浄めの時も、シーンと空気がしずまり、しかもものすごい熱気を感じ、フェルメールも一遍上人も確かにここに来て働いておられるという実感を持ちました。

その後、折にふれて、フェルメールや一遍上人の話を致しましたが、そんな時は、不思議とその話に縁のある人々が来ていることを客観的に知らされる体験が続き、この世に偶然はない、何事も一期一会と真剣に臨むようになりました。

そして、一遍上人のような宗教家もフェルメールのような芸術家も、救世の大光明霊団の中で生き生きと働いているのだと確信するに至りました。

五井先生の率いる祈りのグループとそのメンバーに地球人類を救済する権限を委ねると

いう神界の決定がなされているのですから、当然のことであるかも知れません。

自己表現と魂の共鳴の喜び

私が宗教につながった動機の一つに芸術的なことがありました。

例えば、ブリューゲルの絵の、この神秘に輝く青《ブルー》は、一体何なのだろう。バッハを聴くと、自分のいるこの空間が輝くように感じ、安らぎを覚える。これは一体何なのだろうと思い、「バッハの音楽は空間的である」と一人思っていました。

このようなテーマは私の信仰においてある重要な部分を占めておりましたが、人に話すことはほとんどありませんでしたし、まして集会などで話したことはありませんでした。これは自分の個人的な問題であって、そういう場で話すべきではない、という拘《こだわ》りが私にあったからです。

ところが、「私はフェルメールが大好きです」と一言《ひとこと》言ったことから、私が〝私のルネッサンス〟と呼んでいる一連の変化が始まりました。それは、自分が本来持っているものをあるがままに認め、そのことを素直に表現することから始まりました。

自分を自己限定から解放することは、それなりに勇気のいることですが、あるがままに自己を表現することは、真の喜びをもたらします。すると、そこに魂の共鳴現象が起こり、そのことがまた大きな喜びをもたらします。それをさらに人々に話すことによって、喜びが喜びを呼び、共鳴の輪が広がってゆきます。

人々に話すことによって、私自身いろいろなことに気づきましたし、また人々から教えられたことも多々ありました。そして、私が感じているような変化は、多く人々の内部にも起こっていることがわかってまいりました。

この変化は、私たちが我即神也の宣言と印という真実の自己表現が出来るようになったことによるものと、私は考えます。

さらに今、「私個に関する一切の言葉、想念、行為に私心なし、自我なし、対立なし。すべては宇宙そのもの、光そのもの、真理そのもの、神の存在そのものなり」と宣言し、人類即神也の印を組めるようになった現在、私たちはもっと自由に、もっと自信をもって、自己を表現してもよいのではないでしょうか。

祈りと印による大演奏会

私はかねて、ヨーロッパで活躍する会員さんに音楽家が多いことを不思議に思っていましたが、今の時代に、多くの人々に、宗教や言葉の違いを超えて、神のひびきを伝えるには、音楽によるのが一番自然で、無理のないことに思い至りました。

音楽家は言葉ではなく、演奏によって、世界平和の祈りのひびき、我即神也、人類即神也のひびきを伝えなければなりません。そのためにこそ、普段真剣に祈り、また印を組まなければなりません。その結果が即、演奏に現われるからです。

これは会社員でも主婦でも全く同じではないでしょうか。職場でも家庭でも、私たちは言葉ではなく、自分から出る雰囲気、昌美先生のおっしゃる〝オーラの輝き〟で、神のひびきを伝えなければならない場合がほとんどだからです。

宇宙神から見たら、私たちは皆、肉体という素晴らしい楽器を通して、祈りと印による演奏を行なっている音楽家のように見えるのではないでしょうか。

毎年一月になると、私たちは五月の大行事に向けて、さまざまな課題に取り組みます。

自分に与えられたパート本来のひびきを演奏できるように練習を繰り返し、スケジュールを調整し、体調を調え、全世界から、海を越え山を越えて、大演奏会のために富士聖地へとやってきます。

野外会場では、まず二期研究生（現・研究員）の皆さんが地の浄めの印を組みます。

やがて昌美先生、裕夫先生、お嬢様方、理事長、副理事長、シニアメンバー、理事たちが登壇し、宇宙子科学メンバーと共に、天と地の交流の儀式が始まります。

裕夫先生のリードで天地交流の印が組まれ、昌美先生は流れるように美しく、力強いさまざまな印を組まれます。

やがて会場の皆さんも我即神也の宣言をし印を組み、人類即神也の印による世界各国の平和の祈りが始まります。

天の指揮者は五井先生、地の指揮者は昌美先生――天地一体、宇宙神、神々天使、私たちの守護霊守護神も大結集しての〝世界人類の平和〟という大交響楽が宇宙に響きわたります。

かつて裕夫先生、瀬木理事長、高橋副理事長が、昌美先生よりある印を授けられる場に同席させていただく機会がありました。私はその厳粛にして美しい光景に深い感銘を受け、印こそ人間が神から頂く最高のものであると思いました。

印は形があっても、質量がなく、自己の本質と一体のものです。

我即神也の印、人類即神也の印をはじめ、今自分に許された印を、一回一回心をこめて組んでゆきたいと思います。

（「白光」一九九七年十二月号）

五井昌久著『老子講義』について

二〇〇〇年九月三日、中国・内モンゴル・フフホト市での講演

中国文化の恩恵とその恩返し

日本と中国は二千年に近い文化交流の歴史があります。日本は古来、中国からさまざまな文化・芸術を移入し学んでまいりました。

その中でも、漢字文化と、その精華というべき古典の移入による恩恵は計り知れないほど大きいものがあると思います。

そのような古典の一つに老子道徳経があり、その老子についての五井昌久先生の講義『老子講義』が、日中文化事業団の張永勝氏と内モンゴル民族師範大学の徐文海先生のご

尽力により中国語に翻訳され、出版されたことの意義はまことに大きなものがあると思います。

五井先生の『老子講義』は、日本における中国文化受容とその発展の大変優れた成果を示すものであり、その中国における翻訳、出版は、中国への逆移入であり、日本から中国への恩返しの一つになると考えます。

五井昌久先生は一九一六年に東京に生まれ、一九八〇年に逝去されました。その『老子講義』は一九六三年に出版され、以後、二十五版を重ねている名著であります。

『老子講義』による五井先生との出会い

さて、私は、この五井先生の『老子講義』には格別なる思い出があります。今から三十年以上前の、私がまだ二十代の前半で、自らの人生をいかに生きるべきか、悩み、道を求めていた頃のことです。私は老子に興味を持っておりましたので、ある時、『老子講義』という本を見つけ、その本をふと手に取りました。

そして、その本の口絵の五井先生の写真を見て、「この方こそ、自分が探し求めていた本当の先生だ」と直観いたしました。

そして、序文の先生が老子を称《たた》えた詩を読み、また本文を少し読んで、その格調高いひびきに心を打たれ、この文章は、肉体人間の頭で考え出されたものではない。いわば、宇宙の根源から、そのままひびいて来る文章だと思い、この方のおっしゃることはすべて真実だと思いました。

私は五井先生に是非、お会いしたいと思いました。人間が強く願ったことは必ず実現するものです。それから数カ月後、五井先生を知っている人と出会い、その方の紹介で、五井先生にお会いすることが出来ました。

人と人との出会いほど素晴らしく、また不思議なものはありません。私は五井先生とお会いして帰る、帰りの満員電車の中で、三時間以上にわたり、喜びの涙が次から次へと溢れてきて止まらず、困ったことを、昨日のことのように覚えております。

五井先生という方

五井先生は、無限なる慈愛に溢れ、無限なる叡智に満ちた、崇高にして清らかなる方でした。

お会いするだけで、こちらの身も心も浄まり、幸せなよろこびが溢れてくるような方でした。

そういう方を言い表わすには貴国（中国）の伝統ある言葉である、聖人、それも偉大なる聖人という意味で大聖という言葉がぴったりだと思います。

そして、道徳経四十七章に、聖人は、

「戸《と》を出でずして、以て天下を知り、牖《よう》（窓）を窺《うかが》わずして、以て天道を見る」

とありますように、五井先生は、居ながらにしてあらゆることを瞬時にして知ることの出来る不思議な方でした。

そして、五井先生は、「私だけがそうなのではない。人間は本来、誰もが皆そうなのだ」と常におっしゃっていました。

このように『老子講義』は、私が五井先生と出会うきっかけとなった思い出深い本であります。

序文

それでは、これから、『老子講義』に沿って、お話しさせていただきます。
まず、序文の先生が老子についてうたわれた詩を読ませていただきます。

空の中から
ぽっかり姿を現わし
永遠の生命をそのまゝ生きる
真の自由人老子
道を説きながら道を超え
光に住して光にも把われぬ
空々寂々空寂々
自由無礙にして無為
その心

測り知れず深く
果しなく広く
その力
時空を超越して魂をゆさぶり
宇宙の根源に人間を直結させる

今老子我がうちに在り
無限のひゞきをもって我れに迫る

この詩の最後にありますように、この『老子講義』は、五井先生が、老子と一体となって書かれている処に、最大の特長があると思います。

第一講　無名は天地の始めなり……（道徳経第一章）

私は、初めに、漢字文化の我が国への移入の恩恵は実に大きなものがある、と申しましたが、具体的に申しますと、

一、万葉仮名のように、漢字の音を使って日本語を表記できるようになりました。

二、さらに、片仮名、平仮名が漢字より生まれ、表記がより一層容易になりました。

三、今では、日本語は漢字と平仮名と片仮名を使って表わされておりますが、それによって、とても読みやすく、豊かな表現が出来るようになりました。

また、日本人は、漢文を返り点を使って、そのまま日本文として読めるようにいたしましたが、これは大変優れた発明であり、先人の智恵に感嘆いたします。

このようにして読み下された漢文には、漢文でなくては味わえぬ気品と格調があります。私は漢文の簡潔なる表現とリズムが大好きです。

このような先人方の叡智により、私たち日本人も『老子道徳経』を読むことが出来るのです。

五井先生の解説に移ります。

「道の道とす可きは、常の道に非ず。名の名とす可きは、常の名に非ず。

これはどういう意味かと申しますと、老子の根本義である、自由自在性、無礙自在の生き方、在り方を、単的に現わした言葉なのです。生命というものは本来自由自在に、生き生きと活動できるものであって、一つの道というものがつけば、その道以外には活動できなくなってしまう。また、何の誰々という名がつき何々会という会名がつけば、その名の範囲に縛られてしまって、本来の生命の自由自在性が出せなくなってしまいます。人間の本質は生命そのものであって、自由無礙に何事でもなし得るように出来ているのでありますが、一つの道という定まったものを摑んでしまうと、その道がどのように立派なものであっても、その道に心が把われてしまい、本来の自由自在性が縛られてしまいます。また名にしても同じことで、何の何某という名がつけば、その名の範疇でしか生命が働かなくなってしまうものです。

人間というものは、そんな窮屈なものではない、何もの、何ごとにも把われぬ存在であって、いささかでも把われがあれば、真の道はかくされてしまい、真の名は、その本性を輝かさなくなってしまうのであります。

老子という人は、把われを最も嫌った人なので、老子の教えのどこをみても、生命の自由自在性を説いております。」

第十一講　独立して改まらず周行して殆《あやう》からず……（道徳経第二十五章）

「物有りて混成し、天地に先だちて生ず。寂《せき》たり寥《りょう》たり。独立して改《あらた》まらず。周行《しゅうこう》して殆《あやう》からず。以て天下の母と為《な》す可し。

この節の中で、私が一番心をひかれる言葉は、周行して殆《あやう》からず、という言葉なのです。私はこの老子の一言で、私の現在説いている光明思想というものが、やはり間違いのないものであることを更に確信したのであります。

この天地に先だって生じていた物は、天下の母なのです。この物、大能力は、周行して殆《あやう》からず、つまり、どのように巡り、どのように歩もうと殆《あやう》くない、誤りがないということなのです。殆くない、誤ちのない大能力から生み出された、人類をはじめ、すべての存在は、やはり、殆くない、誤ちのない、完全性の存在だと思わなければなりません。ここにはっきりと光明思想の道が示されているのです。
ですから私は、この世が如何に悪いように見え、不幸や誤りに充ちているように見えようとも、それは、真実に存在するものではなく、宇宙神のみ心が未だ、はっきり現われきっていない姿であり、宇宙神のみ心、み光がすっかり現われきってしまえば、消え去ってゆく姿であるというのです。それで私は、簡単に、すべての悪も不幸も、誤った想念行為も、消えてゆく姿である、消えてゆくに従って、本心の光がよりはっきり現われてくるのである。と説いているのであります。」

五井先生の思想は光明思想であります。
その光明思想を端的に表わしたのが、
〝世界人類が平和でありますように〟

という祈り言葉であります。その根底にあるのは、
人間は本来善である。
人類は本来善である。
という徹底した性善説に基づく人間観、人類観であります。
故に、私たちは個人も人類も必ず平和に、そして幸せになると確信するのであります。

第十九講　上士は道を聞いては……（道徳経第四十一章）

「大方は隅《ぐう》無く、大器は晩成なり。」

これは有名な言葉ですが、一通り説明致しましょう。
もっとも大きなもの、宇宙には隅《すみ》がなく、大器つまり大きな製作品、宇宙神からいえば、宇宙そのものとか、小さくいって地球といったものは、そう簡単に完成するものではなく、長年月かかるものである、ということを、人間にふりかえて考えると、大きな人物という ものは、そうやすやすとできるものではなく、その人物が大きければ大きい程、完成する

のは晩くなるものだ、というのです。だから、大人物たらんとするものは、あまり四角四面に纏ってしまわないで、すべてのものを容れ得る大度量をもつようにすべきだ、そういう大人物になるには長い年月かかってもよいのだ、ということなのであります。

大音《たいおん》は希声《き》なり。大象《たいしょう》は無形なり。

大音というのは神のみ声、神のみ心のひびきということで、宇宙を鳴りわたっているひびきのことです。こういう大きなひびきは、なかなか聞きとめることができない。聞きとめ得る人は実に稀《まれ》である。そして大きな現象というものは、これは把えようとしても把え得るべき形が無いのである、というのです。

真実に宇宙神のひびきをそのまま聞き得る人は実に稀であるし、宇宙神の現れを、そのまま形として把え得ることはできません。聞き得ず、把え得ないのであるけれども、そのひびきが、すべての根源となってひびきわたっていることは間違いない事実なのであります。」

良寛

私はここで、この「大音は希声なり」という道徳経の言葉を踏《ふ》まえて書かれた漢詩を一つ紹介させていただきます。

それは、今から百七十年ほど前に亡くなった良寛という日本人の作った漢詩です。

静夜草庵裏
独奏没絃琴
調入風雲絶
声和流水深
洋々盈渓谷
颯々度山林
自非耳聾漢
誰聞希声音

静夜、草庵の裏《うち》
独り奏す没絃《もつげん》の琴
調《しらべ》は風雲に入りて絶え
声は流水に和して深し
洋々として渓谷に盈《み》ち
颯々《さつさつ》として山林を渡《わた》る
耳聾の漢に非ざるよりは
誰か聞かん希声の音

簡単に解説させていただきますと、

〈静かな夜、草庵の中で、独り弦のない琴、つまり心を奏でている。すると、その調べは、風や雲の中へ一つになって消えてゆく。その声は、渓川の流れに和して深い。その調べと声は洋々として渓谷に盈《み》ち、颯々《さつさつ》として山林を渡ってゆく。この世の利害打算などの雑音に耳を閉ざした漢《おとこ》でないと、誰がこのような稀なる声の音を聞くことが出来ようか。〉

この詩は、自然や宇宙との深い一体感を示すだけでなく、人間の心が自然や宇宙と共鳴し、さらには自然や宇宙をも動かしてゆく積極性をも表わしていると思います。

五井先生は、老子の根本義は、自由自在性にある、とおっしゃいます。

もう一つは、

「人は地に法《のっと》り、地は天に法り、天は道に法り、道は自然に法る」（道徳経第二十五章）

という自然性にあると思います。

この老子の自由自在性と自然に徹して生きた人というと、私は良寛のことを思います。

五井先生も若い頃、良寛さんのようになりたいと強く憧れた、とおっしゃっています。

良寛さんは広く日本人から愛されている、いわば典型的な日本人といいますか、日本人が理想とする聖人像の体現者と言えるかも知れません。

良寛さんは二十歳過ぎに出家した禅僧ですが、備中玉島円通寺の国仙和尚の下《もと》での修行後はどの寺院にも属さず、自由に生きた人です。

良寛と親交のあった年少の漢学者、鈴木文台《すずきぶんだい》は、次のように述べています。

「良寛が後世に伝えるものに三つある。ただしかれの道徳のことは別とする。一つは寒山拾得《じっとく》のような詩である。二つは懐素高閑のような書である。三つは万葉の遺響を失わない歌である。自分のこの言は万人の認めるところといってよい。」

その予言は適中して、現代において良寛の名が知られるのは、その人格は別として、その詩と書と歌の故であります。この三つのうち、漢詩と書は中国文化の影響を深く受けています。このように貴国の文化は永年にわたり日本人の精神と魂に深く浸透してきたのであります。

では、良寛さんの道徳、つまり人格はどのようなものであったのでしょう。

やはり、子どもの頃から良寛さんに接することが多かった解良栄重《けらよししげ》という人は、次のように述べています。

師余ガ家ニ信宿日ヲ重ヌ（二、三日泊まられることがあった。すると）。上下自ラ和睦シ、和気家ニ充チ、帰去ルト云《いえ》ドモ、数日ノ内、人自ラ和ス。師ト語ル事一夕《せき》スレバ、胸襟清キ事ヲ覚ユ。師更ニ内外ノ経文ヲ説キ善ヲ勧ムルニモアラズ。或ハ厨下《ちゅうか》ニツキテ（台所のかまどで）火ヲ焼キ、或ハ正堂（座敷）ニ坐禅ス。其語詩文ニワタラズ、道義ニ不及《およばず》、優游《ゆうゆう》トシテ名状スベキ事ナシ。只道義ノ人ヲ化スルノミ。（良寛禅師奇話）

日本人はこのように、声高《こわだか》に説教するのではなく、「和光同塵《わこうどうじん》」すなわち、「其《そ》の光を和《やわ》らげ、其の塵《ちり》に同ず」という道徳経五十六章の言葉のように、自分たちに溶け込み、自分たちと一体となって生きる聖人像を好むようであります。

終わりに

さて、先に「大器は晩成なり」とありましたが、二千年紀に移ろうとしている現在、この地球という器、そして、そこに住む人類は、ようやく一つの完成期を迎えようとしているのではないでしょうか。

その証拠は、昨日、多くの皆様方と共に、世界各国の平和を祈ったことであります。〝世界人類が平和でありますように〟という五井先生の平和精神は、国家、民族、人種、宗教、主義、主張の違いを超えて、世界中で広く受け入れられつつあります。

本日、『老子講義』の中国語訳の出版を記念して、お招きいただき、皆様方と文化交流できましたことは大変にうれしく、また、私の名誉とするところであります。

有難うございました。

＊二〇〇〇年九月二日、フフホト市の、内モンゴル自治区人民政府、並びに内モンゴル自治区政治協商会議主催、五井平和財団ほか後援の日本文化芸術祭・日本産業展の開幕式において、約一万人の人々が参加してピースセレモニーが行なわれました。

『老子講義』中国語訳出版記念会　記者会見

〈昭君大酒店で開かれた出版記念会には五十名を超える新聞、雑誌、テレビ等の記者が出席、質疑応答が行なわれた〉

――今のすごく競争の激しい社会の中で、老子の平和の思想、無欲の思想が、社会に対してどのように積極的な効果があるのか説明してください。

冨田　確かに現代はいろいろな科学技術が進歩いたしまして、経済的にも、科学的にも、あらゆる分野においてスピードが速くなって競争が激しくなってきておりますけれども、それはそれと致しまして、人間の本質的なあり方、根本的なあり方、そういうものは変わらないのではないかと思います。そして老子は、変わることのない、そういう根本的なことを、非常に簡潔な言葉で述べていて、そのことを、五井先生は、現代の我々に判るように解説しておられるのだと思います。

五井先生は、先ほど読みました序文の詩のあとで、次のようにおっしゃっています。

「私は現代の知識をうとんずる者ではありませんが、人類世界を今日のように存在せしめている、宇宙の根本の相《すがた》、生命の根源の力の方には想いをむけず、只単に枝葉として現われている現象の姿のみを把える、学問知識にはあきたらないものなのです。

頭脳知識で、いちいち考え考え生きなければ、この人生が生きられぬと思いこんでいる現代の知性人たちにとって、最も必要なのは、この老子の生き方なのです。」

——老子思想は中華思想の原点であり、何千年来、皆に愛されている思想です。今回、『老子講義』というこんなに素晴らしい本を内モンゴルで出版していただいて、本当に感謝の意を表します。

この『老子講義』が出版された後、老子の思想に関する研究をどのようにしていかれますか。また、内モンゴルとどのような交流を行なってゆくつもりですか。

冨田　今回、張さんのご尽力によって、このように素晴らしい本が出版されたことの意義はとても大きいと思います。まずこの本が、内モンゴルはじめ中国の人々に広く読まれて、その反響がどのようなものか、私たちはとても興味を持っております。皆様方のご意見を伺いたいと思います。そして、我々もさらに五井先生の思想、老子の思想を深めていきたいと思っています。

――私は一つ厳しい質問をしたいと思います。昨日、世界平和と世界各国の平和を祈りましたけれど、日本ではまだ昔の思想とか、軍国主義の思想を持っている人がいると思いますが、そういう思想を持っている人々と矛盾するとか、衝突することがありませんか。日本人がそれに対してどう思っているか、聞きたいです。

冨田　「世界人類が平和でありますように」という言葉の日本における位置づけですけれども、日本に参りますと、この言葉を記したステッカーが街角など至る所に貼ってありますし、この言葉を記したピースポールがいろいろな所に建っています。例えば、住宅とか、神社とかお寺にも建っていて、日本人でまず、この言葉を知らない人はいないくらいです。誰が、どの団体が推進しているか知らなくとも、この言葉自体は日本中で広く知られております。

それはどういうことかと申しますと、この言葉に対して、日本で反対する人はいないということです。このように祈っても効果はないと思う人はいるかもしれませんが、反対する人はまず日本にはおりません。世界においても、私たちの経験では、この言葉に反対する人はおりません。

そして中国においても、この言葉に対して多くの方々が理解してくださったお蔭で、昨日のような有意義な行事が出来たのだと思います。そのような意味で、この「世界人類が平和でありますように」という言葉に敵対するものはありません。

「上善は水の如し。水は善く万物を利して争わず」（道徳経第八章）という老了の言葉がありますけれど、そのように何ものとも争わず、すべてに調和して、相手の中のよいものを引き出すのが、この「世界人類が平和でありますように」という言葉であると思います。

――私は法律関係の新聞記者です。老子は自由自在ということを教えたと思います。そして冨田さんは、良寛は自由人で、自由自在に生きたとおっしゃいましたが、法律と自由はいろいろと衝突することがあるのではないかと思います。自由と法律という観点から、例えば、良寛の思想とか、老子の思想を、冨田さんはどう考えますか。

冨田　私は、自由には二つあると思っています。一つは外面的な自由です。例えば、法律にかかわるような自由。その場合、例えば、犯罪を犯せば、取り締まられるのは当たり前、逮捕されるのは当然のことだと思います。

もう一つの自由は、心の自由でありまして、内面的な自由です。自分の心は把われがなくて、自由自在であるという、そういう内面的な自由というものの重要さを、五井先生は非常に強調されています。私はこの両面の自由が必要であると思います。

五井先生は序文で、

「老子こそ、(神人であり、)真の自由人であるのです。今日の自由主義とか民主主義とか云うものは、老子の在り方からみれば、雲泥万里の相違があります。真の自由を得たいならば、どうしても、老子の説きつゞけている無為の道に徹しきらねばなりません。人が無為の生き方に徹しきった時、真に自由無礙、自由自在心として、天地を貫く生き方ができるのです」

と述べておられますけれども、老子の場合の自由性とは、そういう内面的な自由を主にさしているのだと思います。

――先ほど、日本語のひらがなとカタカナは漢字から生まれたとおっしゃいましたが、私は、日本語の発音はモンゴル語と似ていると思います。そういう点に気が付かれましたか。

冨田　気が付きませんでしたが、私この地に参りまして、自分たちと似ている人が多いのに驚きました。なにかとても親しみを感じます。蒙古斑というのがありますね。お尻のところに青いあざがあるという。私たち日本人には子どもの頃みなあれがあります。DNAをたどってゆくと、祖先が同じようですね。そういう面で、人類の発生学的に見ても、非常に近しい関係にあると思いますので、言語体系が似ているということは大いにありえると思います。今後、そういうことについて研究が為されることを私は望みます。

――『老子講義』は日本では二十五版も再版されているとのことですが、どうしてこのように日本人は老子の思想を受け入れているのか、説明してください。

冨田　それはやはり日本人が現在、科学技術が進歩いたしまして、あらゆるもののスピードアップがなされ、仕事においても、生活においても、精神的に非常にゆとりのない生き方を余儀なくされている傾向があります。そういう中で、老子の思想に触れることによって、人間が本来持っている素晴らしい精神性、内面性、あるいは宇宙に直結したような生き方、そういうものをそこから学んで、心も体も自由になるからだと思います。

そういう面では、老子というものは非常に古い思想ではあるけれど、ものすごく新しい思想でもあると思います。現代の最先端の科学とも少しも矛盾しない素晴らしい思想であると思います。『老子講義』の読者の中には、非常に優れた立派な科学者が大勢おります。

そういう意味では、二十一世紀になって、日本においても中国においても、世界においても、老子の思想というものはますます重要になってくると思います。

（「白光」二〇〇〇年十一月号）

輝かしい人生を創造するために

良寛と万葉集

二〇〇一年七月、大阪講演会より

自らの心境のバロメーター

私はよく良寛さんの話を致します。それは単純に良寛さんが好きだからでもありますが、それと同時に、五井先生、昌美先生の説かれる真理を行じていてある心境になりますと、すでにその心境の良寛さんがそこに居ることを見出すからです。いわば、良寛さんが自らの心境のバロメーターになっているような気がするのです。そしていつしか良寛さんは向こう側の人ではなくて、こちら側、自分と同じ側の人のような気がして、友達のように思えてくるのです。

たとえば昌美先生は、果因説として、言葉による創造を説かれ、言葉の重要性を強調されております。

今年の正月――ということは、二十一世紀の最初の正月、新しい千年紀の最初の日の、本当に真っさらな一日のスタートの時に、昌美先生はその日一日、心して、意識的に、否定的な言葉を絶対吐かないようにしましょうと呼び掛けられました。常に光明の言葉のみ発して、真っ白な自分の新しい世紀の頁に否定的な言葉を記さないようにしましょうとおっしゃいました。

私たちは努力しました。ほぼ達成できたと思います。うっかり否定的な言葉が出たら、すぐ消えてゆく姿にして世界平和の祈りを祈って打ち消す、あるいは愛にもとることを言ってしまったら、「無限なる愛」と唱えてそれを打ち消す、光明思想徹底行のやり方、それでもいいのですけれど、基本的に否定的な言葉を極力発しないように試みたら、結構出来るんです。

一日出来れば、二日目も何とか出来る。三日目には失敗するけども、かなり出来る。

無意識にやると、潜在意識に否定的な想いがありますし、この世の中には、テレビでも新聞でも、否定的な想いが満ち満ちていますから、それに流されてしまいやすい。ですから意識的に祈ったり、印を組んだり、自覚してやろうと思うと結構できるものです。

これが新しい、二十一世紀の生き方です。なぜならば、我々は神人、神だからです。神が否定的なことを言ったり、自分を否定したり、人を否定するということは有り得ないからです。

昨年、昌美先生のお供をして中国の内モンゴルに参りましたが、昌美先生が内モンゴル大学で講演なさった時に、若い学生たちに向かって、「これから美しい言葉のみが語られる世界をつくってゆきましょう」と呼び掛けられたのです。単純《シンプル》で、かつ非常に感動的なお話でした。

その時、ああ、来《きた》るべき平和な世界というのは要するに、自然に美しい言葉のみが語られる世界、否定的な言葉が発せられない、そういう世界がすなわち平和な世界なんだなあと、改めて思った次第です。

良寛さんも、言葉に対してとても敏感な方で、言葉遣いに気を付けられた。もともと無口な方だったようですけれど、言葉を発する場合、非常に自覚的になさっていたようです。

良寛さんは坊さんでありながら、およそ説教ということをしたことがありませんでした。唯一の例外が、人から何か頼まれると、「戒語《かいご》」と題して、こういう言葉遣いはしないようにと列記して示されたものがいろいろ残っています。

たとえば、ことばの多き（多弁はよくない）、早ごと（は駄目だ）、かしましくものいふ、とはずがたり、さしでぐち、へらずぐち、人のものをいいききらぬうちにもの言ふ、時とところ合わぬこと（を言うのもよくない）。そのようなことを挙げていらっしゃいます。

中には思わず笑ってしまうようなこともあります。田舎者の江戸言葉、好んで唐《から》言葉を使ふ、今で言えばやたらと外来語を使うということだと思います。そういうのもよくない。子供の小癪なる、子供に知恵を付ける、のもよくない。そんな、非常に具体的なことを挙げて、言葉遣いというものをとても重視されています。これは人に示された場合です。

自分自身は愛の言葉、「愛語」というものを実践されました。これは、道元禅師の言葉なんですけれど、それを自分で謹書、清書いたしまして、心掛けておられた。短いけれど、素晴らしい言葉です。

「　愛語

愛語ト云ハ衆生ヲ見ルニマヅ慈愛ノ心ヲオコシ顧《コ》愛ノ言語ヲホドコスナリ。オヨソ暴《ボウ》悪ノ言語ナキナリ。……徳アルハホムベシ。徳ナキハアハレムベシ。愛語ヲコノムヨリハヤウヤク愛語ヲ増長スルナリ。……現在ノ身命ノ存スルアヒダコノンデ愛語スベシ。世々生々ニモ不退転ナラン。怨敵ヲ降伏シ君子ヲ和睦ナラシムルコト愛語ヲ本トスルナリ。向テ愛語ヲキクハヲモテヲヨロコバシメコヽロヲ楽シクス。向カハズシテ愛語ヲキクハ肝ニ銘ジ魂ニ銘ズ。シルベシ愛語ハ愛心ヨリオコル。愛心ハ慈心ヲ種子《タネ》トセリ。愛語ヨク廻天ノ力《チカ》ラアルコトヲ学スベキナリ。……

沙門良寛謹書」

私たちがするように謹書されて、そのように努力されていたんですね。

良寛と万葉集

優れた言語感覚の持ち主である良寛さんは、漢詩とか書の他に、素晴らしい万葉調の和歌をいっぱい作っておられますが、万葉集を本格的に勉強されたのは、六十歳を過ぎてからだそうです。こういうことを知りますと、発奮いたします。

良寛さんは自分の勉強のために、万葉集から抜き書きしたアンソロジーを作っていらっしゃったんです。最初の歌からタイトルを取って、「あきのの」というんですが、最初に枕詞がずうっと列挙されています。その後に、万葉集の四五〇〇首以上の中から、一九〇首の歌を選び、それを抜き書きされていて、おそらくいつも暗唱して、諳《そら》んじていらっしゃったのだと思います。

それを読んで私はとても感動いたしました。本当の日本語の美しい調べがここにある、千四百年以上前に、これだけ洗練された詩歌を持っている民族というのは本当に素晴らしいと思いました。

実は私の高校時代に三年間担任をしていただきました先生、田崎幾太郎先生とおっしゃるんですが、この方は九三歳くらいでご健在ですけれども、古文の先生だったんです。非常に素晴らしい授業をなさるんです。本当に嬉しそうに授業をなさる。それで、万葉集が専門でいらっしゃるので、私は友達と語らいまして、先生にお願いしまして、課外授業をしていただきました。

先生は、ガリ版刷りのテキストを作って教えてくださいましたが、簡単に言えば、〝いい歌をいっぱい覚えなさい〟ということで、暗記させられたんです。短歌もあれば長歌もあるんですけれど、四十年近く経って、今でもふとよみがえってくることがあります。とてもいいことを教えていただいたなあと思いまして、私は万葉集が好きでした。そして良寛さんも昔から好きでした。

それが、良寛全集を読んでいて、「あきのの」を発見して、一つに結びついたのです。そこに良寛さんがいるような感じがしました。こういう歌を喜んで諳んじていらっしゃったんだなと思って、非常に身近に感じました。

たとえば最初の歌はこんな歌です。

あきのゝのみくさかりふきやどれりしならのみやこのかりいほりぞおもふ

次のような歌もあります。

あみのうらにふなのりすらむをとめらがあかものすそにしほみつらむか

あかもと言うのは、珠裳《あかも》、裳というのはスカートですね、その裾に、潮が満ちてくる。これはルネッサンスのボッティチェリの〝ヴィーナスの誕生〟を連想させるような、素晴らしい歌だと思います。

わがやどのうめのはなちるひさかたのあめよりゆきのながれくるかも

久方《ひさかた》の天《あめ》の彼方から、雪が流れてくる。梅が散って、さらにその上から雪が降ってくるというのです。

非常にわかりやすい。万葉仮名が読めなくても、平仮名に直したものを繰り返し繰り返し読んでいれば、自然にわかるような歌ばかりです。文法も何もいらない。このようにして歌を学ぶのは、とてもよいことだと思います。

良寛さん自身も、歌を学ぶために何の書を読んだらよいかと聞かれ、「万葉を読むべし」と答えられています。質問した青年が、万葉集は難しいと言ったら、良寛さんは「わかるだけにて事足れり」とおっしゃっています。

単純なことの繰り返し

良寛さんは、道の歌と申しますか、宗教的な歌も作っています。一つご紹介いたしますと、

僧の身は万事《まこと》はいらず常不軽菩薩《じょうふぎょうぼさつ》の行ぞ殊勝なりけり

僧の身であれば、万事《まこと》というのは万《よろず》のことはいらない。常不軽菩薩の行が最もすぐれている。そういう歌を作っていらっしゃる。

常不軽菩薩というのは、ご存じの方もいらっしゃると思いますが、お釈迦様の前生だと言われています。その菩薩様は、人と会うと、「あなたは仏様です、菩薩様です」と相手を拝み、礼拝しました。拝まれたほうは気持ち悪くて、石をぶつけたり、棒で殴ったりしたけれども、倦まず弛まず拝みつづけて、そういう行を続けられたそうです。

ということは、良寛さんはそういう気持ちで人々に接していらっしゃったんですね。相

手の神性を拝む。礼拝する。大勢の人を礼拝するわけですから、大勢の人から礼拝されるわけです。

翻《ひるがえ》って考えてみますと、私たちは何を祈っているかというと、〝世界人類が平和でありますように〟と世界人類の平和を祈っています。自分の幸せも含めて。さらに我即神也、と自分の神性を認めて宣言しております。またさらに人類即神也、と人々の神性を認めて礼拝して、神性が現われるように印を組み、あるいは唱名をしています。印を組まなくても、言葉で唱えるだけでも、心の中で唱えるだけでも、思うだけでもすごい効果がある。

今皆さんは、課題として人類即神也を十万回書いていらっしゃる。これは自由なんですけれど、人類の神性を現わす言葉を繰り返し繰り返し謹書されている。これはたいへん尊いことでありまして、このような単純なことの繰り返し、先程の万葉集ではありませんけれど、本ものを理解してそれを繰り返すということは、とても優れたやり方です。

五井先生、昌美先生の教えの基本というものは、本当のこと、単純なことを繰り返すことにあるのです。世界人類が平和でありますように、我即神也、人類即神也。簡単に言えば、そういう言葉を繰り返し、想いを繰り返してゆく。

そう致しますと、私たちは、良寛さんのような聖者に優るとも劣らないことを、さりげなく常に実行しているんですね。自分がすごいことやっているとも思わずに、そういうことをやっている、自然にやっている。これは非常に素晴らしい、尊いことではないかと思います。

神に還る

そしてもともと日本人には、言霊《ことだま》の幸ふ《さきは》国、という言霊信仰があります。万葉集は、万《よろず》の言《こと》の葉《は》を集めたものという意味で、万葉集を読みますと、言葉を使う喜びに溢れていま す。言葉を使う新鮮な驚きと喜びに溢れていて、こちらも楽しくなってまいります。

折口信夫《しのぶ》という有名な学者がいます。歌人で釈迢空《しゃくちょうくう》とも言い、歌の道も極められた方ですけれど、その方が亡くなって、遺稿の中にこういう歌が残されていました。

人間を深く愛する神ありて　もしものいはゞ、われの如けむ人間を深く愛する神がいて、もしものを言ったら自分のようだろう……ということは、自然に自分は神である、という自覚を持たれたようですね。自分は学問研究し、歌を作って、最後に亡くなる時には、自分は神のようだと思われた。

ですから、我即神也は決して突飛なことではないのです。もともと私たち日本人の神観、人間観の中には我は神であるということがあるのです。無意識の奥にあって、それを再び現わすということが、我々が今やっていることではないかと思います。

究極の真理と申しますのは、我即神也と人類即神也です。人生最大の目的とは、それに向かって自分自身で自らの人生を築き、創造していくことであります。これが原点です。

私たちの中には宇宙と同じ構造があるのです。よく〝人間は小宇宙である〟と言われますが、我々の中にも宇宙がある。細胞の中にも宇宙がある。さらに分析していくと、遺伝子の中にも宇宙がある。科学者が調べていくと、遺伝子の本体であるＤＮＡが実に精妙に作られていて、感嘆するそうです。非常に小さい遺伝子の中に、非常に精妙なる設計図がすでに描かれている。調べれば調べるほど、その設計図が美しくて、素晴らしいことが分かってまいりまして、究極的に何が設計図に描かれているかというと、昌美先生は、我即神也だとおっしゃる。遺伝子の最後のところには我即神也と設計図が描かれているとおっしゃるのです。

もともと人間は神ですから、肉体の中にも神があるのです。そういう本来ある遺伝子、我即神也という遺伝子をオンにする方法が、世界平和の祈りであるし、我即神也の印であるし、人類即神也の印なのです。

我々はもともと神だった。地球界を開発するために、この地上界に天降って来て、生まれ変わり死に変わりをして、さまざまな体験を経て、また再び神に戻ってゆく時の卒業証書が何かというと、我即神也だとおっしゃるのです。

ですから、世界平和の祈りを祈って、我即神也の宣言をして印を組む人は、もう地上界には二度と生まれ変わらないと言われています。人間、ずーっと付きあわなければならないと思えば、いろいろ嫌なことも見えてくると思いますけれども、これで最後だと思えばいいことしか見えないようになってきます。一日一日がとても大事だし、会う人もすべてが、嫌な人もいい人も含めて皆大事な人だし、かけがえのない人だと思えてきます。

そういう意味でも、私たちが再び神になる方法、それが世界平和の祈りであり、我即神也の印であり、人類即神也の印であると思います。

それを実践することによって、一人や二人の聖者が生まれるのではありません。何千、何万、何十万、何百万人の神人が生まれるのであります。

そのための準備はすべて整っております。ご自分のためにも、また世界人類の平和のためにも、どうぞ皆様、この真理を実践していただきたいと思います。

（「白光」二〇〇一年九月号）

七つの真理と方法

五井先生・昌美先生を通して宇宙神より人類に示された七つの真理と方法

真理は人類の心の進化に応じて降ろされる

真理はそれを理解し、実践する人がいてこそ、この地上界に降ろされます。

五井先生・昌美先生の教えがこの世に現わされた経過《あゆみ》を振り返りますと、そのことがよく分かります。

一九四九年（昭和二十四年）、五井先生は神我一体を経験され、覚者となられました。その時のことを、五井先生は自叙伝『天と地をつなぐ者』の中で、

「天とは人間の奥深い内部であり、神我とは内奥の無我の光そのものであることも、その

時はっきり認識した。……天に昇ったということは自己の内奥深く入っていった、ということと同一なのである。空間的にみれば天の本体に合体したのであり、直覚的にはうちなる神と合一したのである。」

と書いておられます。

五井先生は、先生を慕って来る人々に対して、人間一人一人を専属的に守護している愛なる神、守護霊、守護神の存在を知らせ、いかなる苦悩といえど、現われれば必ず消え去るという真理を説かれ、人々の浄めと人生指導をされるようになりました。

一九五三年（昭和二十八年）、先生は霊覚による真理の書『神と人間』を出版され、世に示されました。

お釈迦様やイエスキリストが説かれた真理は仏典や聖書として残っていますが、それらはいずれも弟子たちがまとめたもので、お釈迦様やイエスキリストが直接書かれたものではありません。

その点、『神と人間』は、五井先生が自らの霊覚により、神と人間との関係をわかり易く説かれたもので、人類史上かつてない画期的な本であると思います。

一九五五年（昭和三十年）、五井先生の周囲で、宗教法人設立の申請をしようという機運が盛り上がり、そのためには、教義と祈り言《ごと》が必要であることを先生に申し上げると、先生が筆を執ってさらさらと書かれたのが、教義「人間と真実の生き方」と「世界平和の祈り」であります。

ここに今日の白光真宏会の礎《いしずえ》が定まり、本格的な宗教活動がスタートいたしました。次第に多くの人々が「人間と真実の生き方」を実践し、

世界人類が平和でありますように
日本が平和でありますように
私達の天命が完うされますように
守護霊様ありがとうございます
守護神様ありがとうございます

と「世界平和の祈り」をするようになりました。

ところで五井先生は、「個人人類同時成道ということについて」という法話（白光誌昭和五十二年二月号発表、『直言・提言・進言』に収録）の中で、

「世界人類の平和を祈る人類愛の祈りを祈ることによって、自分も人類もともに神様の大光明の中で救われてゆくということになるのであります。それはどうしてそうなるのかと申しますと、この祈り言《ごと》は、肉体身の私が、神体の私と一つになった時、大神様との約束《やくそく》事《ごと》として生まれた祈りだからなのであります」

と書いておられます。

ということは、世界平和の祈りは、先生が神我一体となられた一九四九年（昭和二十四年）には既に生まれていたにもかかわらず、先生が実際に人々に勧められたのは一九五五年（昭和三十年）になってから、ということになります。その間、およそ六、七年の間、五井先生は私たち人類の精神的な成長を待っていてくださったのだと思います。

なお、五井先生はこの法話で、世界平和の祈りは大神様との約束事として生まれた、とはっきり書いておられることに注目したいと思います。

今までは、一般的に「この祈りは五井先生と神界との約束事で、この祈りをするところ

に必ず救世の大光明が輝き、自分が救われるとともに、世界人類の光明化、大調和に絶大なる力を発揮するのです」と説明されてまいりましたが、より具体的には、神界を主宰される大神様（宇宙神）との約束事であったわけです。

五井先生は在世中は、倦《う》まず弛《たゆ》まず、愛と忍耐をもって、この〝消えてゆく姿で世界平和の祈り〟の道を説かれ、人々の浄めと指導をされ、統一会での統一指導と講話をされ、白光誌に執筆されました。白光誌に発表された法話や随想、詩や短歌は次々と書籍として出版されてゆきました。

この時期は教えの確立期であると同時に、人材育成の時代であり、昌美先生という不世出の人類の指導者《リーダー》を大切に大切に育てられた時代でもありました。また五井会で財界人の指導もされました。

なお、「世界人類が平和でありますように」という世界平和の祈りの一行目の言葉は、平和を愛する日本人の合言葉として、また全人類に共通の人類愛のメッセージとして、多くの人々に愛され、受け入れられ、宗教や政治や民族を超えた完全中立の平和運動として、国内国外に広まってゆきました。その運動は現在、姉妹団体であるワールド ピース プレ

ヤー ソサエティや五井平和財団の活動に引き継がれています。

一九六二年（昭和三十七年）からは、宇宙天使の指導のもと、五井先生、昌美先生を中心に、宇宙子波動生命物理学の研究が始まりました。

一九八〇年（昭和五十五年）に五井先生が帰神（逝去）されてからは、先生は神界から昌美先生を通して、宇宙神のみ心として、次々と新しい真理を降ろされ、私たち人類に示されるようになりました。

五井先生と昌美先生と私たちは三位一体です。真理を理解し、信じ、素直に実践する私たちがいたからこそ、真理は次々とこの地上界に降ろされたのです。

光明思想徹底行、地球世界感謝行、我即神也の宣言と印、人類即神也の宣言と印、宇宙神マンダラなどがそうです。五井先生と宇宙神は、昌美先生とともに私たちのその功を大いに称えてくださっています。

そのプロセスにおいて、実にさまざまな神示や課題が私たちに示され、私たちは懸命にそれらを実践してまいりました。それらは全部、新しい真理とその方法をこの世に現わすために必要だったのです。

一九八九年（平成元年）には、五井先生の率いるグループに、世界を平和にするためのすべての権限をゆだねると、神界において決定したという神示《メッセージ》も伝えられました。

二十世紀中にこれらの真理が降ろされ、かつその封印が解かれて、そのすべてが全人類の前にオープンに提示されています。自ら望む者は誰でも、その真理を実践できるのであります。

人類に開かれた七つの門

そして今、二十一世紀、並びに、新二千年紀の始めに立つ私たちは、その全体像を見渡すことが出来ます。

それは、一九九八年（平成十年）一月の富士聖地における新年祝賀祭において、野外会場に向かう道に作られた七つの門に見事に象徴されています。道の両側に竹を立て、それに張った白い横断幕には、墨痕鮮やかに次のような言葉が掲げられていました。

第一の門は「消えてゆく姿」

第二の門は「世界平和の祈り」
第三の門は「光明思想徹底行」
第四の門は「地球世界感謝行」
第五の門は「我即神也」
第六の門は「人類即神也」
第七の門は「宇宙究極のエネルギー」

各門は昌美先生より伝えられた神示のままに、宇宙子科学に基づいて作られました。門は奥に行くほど低くなっていて、第七の「宇宙究極のエネルギー」の門は、参加者は身を大きく屈《かが》めて、くぐるようにして通りました。

それぞれの門の示す真理と方法は明白です。

第一の「消えてゆく姿」の真理は、それを包含する「人間と真実の生き方」と言うことも出来ると思いますし、第一と第二の門を合わせて、「消えてゆく姿で世界平和の祈り」の門と言うことも出来ると思います。

第三の門からあとは、昌美先生の代になってから示されたもので、第七の「宇宙究極のエネルギー」を自己のものとする方法は、その後に示された神人課題の「宇宙神マンダラ」がそれに相当するものと思われます。

一、第一から第七に至る門の順番は、その真理と方法が地上界に降ろされた現実の歴史的経過にそのまま沿っています。

一、第一から第七に至る門は、それぞれ、それ自体で独立した教えをなしています。人はどの門から入ってもいいのです。

一、また、第一から第七に至る門は、神人に至る階梯《かいてい》をなしています。第一の「消えてゆく姿」の門は高く（すなわち広く）、通り易く、奥に行くほど門は低く（すなわち狭く）、通りにくくなっています。

一、なおかつ、第一から第七に至る門は、綜合的につながっていて、全体として一つの教えをなしています。

その全体を、「五井先生・昌美先生を通して、宇宙神より人類に示された七つの真理と方法」と言うことが出来ると思います。

あるいは、「宇宙神と五井先生・昌美先生との約束事として、人類に示された七つの真理と方法」と言うことも出来ると思います。

あるいは、もっと簡単に、「五井先生・昌美先生の教え」と呼ぶことも出来ると思います。

その全体を通して、次のような特長を挙げることが出来ます。

一、高い真理が分かり易く説かれていて、それを実践する方法が明快に示されている。だから、正しく理解し、自然に信じ、無理なく行なうことが出来る。すなわち、理解し、信じ、行なうことが容易な教えである。

一、個人人類同時成道の教えである。自らの幸せをも含めて世界人類の平和を祈るのであり、我即神也があれば必ず人類即神也がある。

一、徹底した光明思想である。消えてゆく姿の教えそのものが大光明思想である。

一、誰もが実践できる全人類に普遍的な教えである。五井先生の定められた指導要項に「他宗派の悪口を云わぬ事」とあるように、他の宗教を否定せず、他の宗教に属したままでも実践できるオープンな教えである。

最後に私は、

一、顕教的要素と密教的要素を併せ持っている綜合的な教えである。

という特長を挙げたいと思います。

浄土門易行道の他力的な教えを典型的な顕教とし、宇宙神そのものとの一体化を目指す教えを密教とすると、第一の門と第二の門は顕教的であり、第三、第四の門の「光明思想徹底行」と「地球世界感謝行」になると、密教的要素が加わってきて、第五、第六、第七の「我即神也」の宣言と印、「人類即神也」の宣言と印、宇宙究極のエネルギーと一体となる「宇宙神マンダラ」となると密教の真髄そのものである、と言うことも出来ると思います。

昌美先生の言葉を借りれば、五井先生の「消えてゆく姿で世界平和の祈り」の教えは、霊性開発の教えであり、「我即神也」の宣言と印、「人類即神也」の宣言と印、「宇宙神マンダラ」は、神性開発の教えであるということになります。

ここで大事なことは、第三、第四、第五、第六、第七の門の教えもすべて、五井先生のみ心として、五井先生の指導のもとに、昌美先生によって人類に示されたということであります。

先に引用した「個人人類同時成道ということについて」という法話の中で、五井先生が、「守護の神霊は宇宙神のみ心の中から、個々の人間の救いにたっておられるので、肉体人間の側は常にぴったりと、守護の心霊にすがりついておれば、宇宙神の正しい歩みと一つの歩みが出来るようになるのです。そのための世界平和の祈りなのです。と同時に、その個人個人の世界平和の祈りが、地球人類の汚れを浄める救世の大光明の力を、働かせうる唱え言になっているのであります」

と書いておられるのを拝見しますと、世界平和の祈りによる霊性開発の道は、そのまま神性開発の契機を含んでおり、一連のものである、と言うことが出来ます。

また五井先生が『生きている念仏』の「凡夫と仏性」という章で、

「世界平和の祈りの在り方は、浄土門的法華経の姿でもあり、往相と還相、個人の救われが同時に人類の救いになる、という在り方であり、最後には、神道そのものの、神々の姿がこの地球界に生活するという、地上天国顕現の生き方そのものでもあるのであります」

と書いておられることを考え合わせますと、第五、第六、第七の門の、我即神也の印、人類即神也の印やマンダラのような今日の在り方は、当初から五井先生のみ心の中にあったものである、と言うことが出来ると思います。

空海の密教と五井先生・昌美先生の教え

私は「我即神也」の宣言をし、印を組むようになってから、一遍上人のことが気にかかるようになり、白光誌に「ふく風たつ浪の音までも」を発表いたしました。

また「人類即神也」の宣言をし、印を組むようになってからは、良寛さんのことが心に浮かび、「輝かしい人生を創造するために」を発表いたしました。

さらに、「我即神也」の印と「人類即神也」の印に加えて、宇宙神マンダラを書いてからは、何かにつけて、弘法大師空海のことが想われるようになりました。

そして、印は宇宙子科学から生まれたと言われるが、なぜ「印」なのだろう、また、なぜ「マンダラ」なのだろうか、と考えました。

さらに、「我即神也」の宣言文の「私が語る言葉は、神そのものの言葉であり、私が発する想念は、神そのものの想念であり、私が表わす行為は、神そのものの行為である」という、言葉、想念、行為とは……。また、「人類即神也」の宣言文の「私が語ること、想うこと、表わすことは、すべて人類のことのみ。人類の幸せのみ。人類の平和のみ。人類が真理に目覚めることのみ。故に、私個に関する一切の言葉、想念、行為に私心なし、自我なし、対立なし。すべては宇宙そのもの、光そのもの、真理そのもの、神の存在そのものなり」の言葉、想念、行為とは……密教で言う三密、すなわち、口密（語密）＝言葉のはたらき、意密（心密）＝心のはたらき、身密＝身体のはたらき、のことではないか。また、「我即神也」と空海の言う「即身成仏」はどういう関係になるのだろうか、検証してみたいと思うようになりました。

インドでは釈尊の没後、仏教は次第に衰退いたしますが、没後五百年頃、大乗仏教が興り、その発展の極に、没後八百年頃、密教が生まれ、中国、日本、チベットなどに広まったと言われています。つまり、密教は当時の最新の仏教思想、あるいは最新の科学思想であったわけです。

密教ではその第一祖を、歴史上に実在した釈迦牟尼仏ではなく、法身の大日如来（宇宙神）とします。つまり宇宙神の直伝と言うわけです。

空海（七七四〜八三五）は入唐して、第七祖の恵果阿闍梨《あじゃり》より、金剛頂経系と大日経系、両系統の密教の付法と灌頂《かんじょう》を受け、さらに伝法灌頂を受けて、正式に阿闍梨となって日本に帰り、金剛界・胎蔵界両部不二の密教を大成しました。インドでも中国でもその後、密教の伝統がほぼ絶えたことを考えると、これは画期的なことでした。

『秘密曼荼羅十住心論』と七つの門

空海はその主著『秘密曼荼羅《ひみつまんだら》十住心論』において、人間の心の発展を十段階に分けて、詳しく述べています。

第一住心　異生羝羊心《いしょうていようしん》　倫理以前の世界
教乗起因
第二住心　愚童持齋心　倫理的世界
人乗
第三住心　嬰童無畏心《ようどうむいしん》　宗教心の目覚め
天乗

第四住心　唯蘊《ゆいうん》無我心　無我を知る

声聞乗

第五住心　抜業因種心《ばつごういんじゅしん》　おのれの無知を除く

縁覚乗

第六住心　他縁大乗心　人びとの苦悩を救う

法相宗

第七住心　覚心不生心　一切は空である

三論宗

第八住心　一道無為心　すべてが真実である

天台宗

第九住心　極無自性心《ごくむじしょうしん》　対立を超える

華厳宗

第十住心　秘密荘厳心《ひみつしょうごんしん》　無限の展開

真言宗

第一住心は、雄羊のように食と性に対する欲望を持って生きているだけの動物的な世界。

第二住心は、善悪に目覚めた倫理的な、人間の世界。

第三住心は、宗教心に目覚め、天に生まれることを願う、天人の世界。ここまでがいわゆる世間に属する心です。

第四住心から第十住心までが世間を超えた宗教の世界で、それを七段階に分けています。そのうち、第九住心までが顕教で、第十住心が密教であるとします。

第四住心は声聞《しょうもん》に対する教え、第五住心が縁覚《えんがく》に対する教えで、第六住心が法相宗、第七住心が三論宗、第八住心が天台宗、第九住心が華厳宗に相当するとして、他宗を否定せずにそれぞれに位置づけていることは、注目すべきだと思います。

そして、第十住心の秘密荘厳心《ひみつしょうごんしん》こそが、密教の曼荼羅《まんだら》の世界であるとします。

五井先生・昌美先生の教えも七段階の門があり、その最後が宇宙神マンダラに相当しました。空海の十住心論の世界と五井先生・昌美先生の七つの門の教えは、厳密に対応しているわけではありませんが、その全体の構成が似ていることは、大変に面白いと思います。

空海の『秘密曼荼羅十住心論』には、それぞれの世界の文化の違いを尊重する複合文化主義と、それら全体を発展の法則のもとに統一して把握しようとする綜合的普遍主義の二つの明確な志向が見られます。それはそのまま、宇宙全体を一つの生命体と見る曼荼羅の思想につながります。

即身成仏と我即神也

曼荼羅とは、内的世界と外的世界を合わせた宇宙全体の本質的な構造を意味し、その構造を表わした図式や絵図面をも意味します。つまり、曼荼羅は象徴であると同時に、実体をも含んでいるわけです。

曼荼羅には如来や菩薩や神々が集まっています。その真ん中にいるのが大日如来で、宇宙の本質を意味します。ところで密教では、人間もまた小宇宙であり、自分自身のなかにも小宇宙がある。それを密《みつ》といい、人間はみな密を持っている。だから、その真理に目覚めたならば、大日如来と一体化できるとします。これが肉体を持ったまま即、仏になることが出来るという、即身成仏の考え方です。

当時の仏教界では、無限に長い時間の修行の後にはじめて成仏しうるという三劫《さんこう》成仏説が一般に行なわれていましたので、即身成仏は、まさに画期的な真理であり、方法であったわけです。

空海の著作『即身成仏義』に、次のようにあります。

「『三密加持速疾顕《さんみつかじそくしつけん》』とは、いはく、三密とは一に身密《しんみつ》、二には語密《ごみつ》、三には心密《しんみつ》なり。法仏の三密は甚深微細《じんしんみさい》にして等覚十地（の菩薩）も見聞《けんもん》すること能《あた》はず。故に密といふ。……衆生の三密もまたかくの如し。故に三密加持と名づく。もし真言行人《しんごんぎゃうにん》あつてこの義を観察《くわんさつ》して、手に印契《いんげい》を作《な》し、口に真言を誦《じゅ》じ、心三摩地《さんまぢ》に住すれば（精神を統一すれば）、三密相応して加持するが故に、早く大悉地《だいしつぢ》（偉大なさとりの完成の境地）を得。……

この義に依るが故に『三密加持速疾顕《さんみつかじそくしつけん》』といふ。加持とは如来の大悲と衆生の信心とを表はす。仏日《ぶつにち》の影、衆生の心水に現ずるを加《か》といひ、行者の心水、よく仏日を感ずるを持《ぢ》と名づく。行者もしよくこの理趣《りしゅ》を観念すれば、三密相応するが故に、現身に速疾に本有《ほんぬ》の三身を顕現し証得す。故に『速疾顕』と名づく。常の即時即日の如く、即身の義もまたかくの如し。」

（私が語る言葉は、神そのものの言葉であり、私が発する想念は、神そのものの想念であり、私が表わす行為は、神そのものの行為である。……

故に、我即神也、私は神そのものを語り、念じ、行為するのである）

「我即神也」の宣言文の言葉、想念、行為を、語密、心密、身密と解釈すると、その内容が大変似ています。

「加持とは如来の大悲と衆生の信心とを表はす。仏日《ぶつにち》の影、衆生の心水に現ずるを加とい ひ、行者の心水、よく仏日を感ずるを持《ぢ》と名づく。」

なんと美しく、かつ的確な表現なのでしょう。空海の原文を読みますと、加持の本来の意味がよく分かります。それは、加持祈祷という言葉が現在私たちに与える印象とは全く異なるものです。

以上のように見てまいりますと、世界平和の祈りは浄土門易行道の念仏の現代版であると言うことが出来るとすれば、我即神也の宣言と印は、真言密教の即身成仏の現代版であると言うことが出来ると思います。

三密、一密と鎌倉仏教

空海の即身成仏が三密による成仏を目指したものであるとすれば、その後、興った鎌倉仏教は、それぞれ、三密のうちの一つを選択し、一密による成仏を目指したものであったと言うことが出来ます。

法然上人（一一三三～一二一二）には、文字通り『選択《せんちゃく》本願念仏集』という著作があります。このように一密を選択し、単純化することによって、多くの人々が教えを実践できるようになり、仏教は広く、深く、大いに普及いたしました。

その関係を示しますと、次のようになります。

我即神也　　即身成仏　　鎌倉仏教
人類即神也　（三密成仏）　（一密成仏）
言　葉……口　密 ┬ 専修念仏（法然の浄土宗）
　　　　　　　　└ 唱題成仏（日蓮の日蓮宗）

想念……意密┬信心為本（親鸞の真宗）
　　　　　　└見性成仏（栄西の臨済宗）
行為……身密―只《し》管《かん》打《た》坐《ざ》（道元の禅宗）

そして二十世紀から二十一世紀に移行した現代、五井先生と昌美先生によって、再び一密から三密に統合され、さらに顕教と密教を含めて、過去の宗教の精髄が綜合され、純化されて、全人類に普遍的な七つの真理と方法として、いま私たちの前に提示されていると言うことが出来ます。

二十一世紀は全体性の時代

私は、二〇〇一年に第二回五井平和賞を受賞したハンガリー生まれのシステム哲学者、未来学者でブダペストクラブ会長のアーヴィン・ラズロ氏の著書『マクロシフト』を読んで、深い感銘を受けました。ラズロ博士は語っています。

「世界平和を達成するにはまず、ひとりひとりの内面の平和が必要である。」

「未来は予測するものではなく、創造するものである。」

「文明の根底からの大変化、マクロシフトは後戻りできない。前進あるのみである。」

「私たちの出方次第で、人類の未来は決まってしまう。私たちの意識がすべてを創る。」

これらの命題は、昌美先生が日頃説かれていることで、全くバックグラウンドの異なるラズロ博士の口から語られることによって、昌美先生の説かれる真理の地球的規模での普遍性が実証されていると思いました。

ラズロ博士は、文明の根底からの大変化マクロシフトの歴史を、

ミュトス（神話性）　新石器時代
テオス（神智性）　古代文明
ロゴス（合理性）　ギリシャ・ローマ文明〜現代
ホロス（全体性）　現代〜

の四段階に分け、現代はロゴス（合理性）からホロス（全体性）への大転換期であるとして

います。この基本認識は大変説得力があります。

博士は人間の脳の働きについて、「はるか昔の神話的合理性を司っていたのは右脳で、近代的なロゴスの合理性を司っているのは左脳である。これに対してもっと進んだ思考では、左脳と右脳を合せた脳全体を使う。つまり、単純化された明確な推論と、深い直感を組み合わせた、『ホロスの意識』なのだ」と述べています。

このように、ホロスはミュトス、テオス、ロゴスのすべてを包含し、統合します。二十一世紀、新二千年紀はまさにホロス（全体性）の時代であり、その現代に生まれるべくして生まれたのが、五井先生・昌美先生によって人類に示された綜合的な七つの門の教え、七つの真理と方法であります。

私たちが二十世紀から二十一世紀、千年紀から二千年紀への大転換期に生まれ、その真理に出会い、実践しているのは、決して偶然ではありません。人類が文明の根底からの大変化マクロシフトを乗り切り、すべてをプラスに転換できるようにすることが、私たちの使命であり、天命であるからに他なりません。

〈参考文献〉

『弘法大師　空海全集』第一巻・第二巻（筑摩書房）
アーヴィン・ラズロ著『マクロシフト』（文春ネスコ）

（「白光」二〇〇二年八月号・九月号）

普遍性と特殊性について

二〇〇三年、私たちが海外神事に出発するにあたり、昌美先生は、あなたたちが行くのは偶然ではない。いつ、どこで、誰と出会うか、すべてが決まっているのです、とおっしゃいましたが、そのお言葉通り、本当に素晴らしい出会いがたくさん用意されていました。昌美先生が白光誌五月号の法話「人類は一つ——宇宙神の大計画に沿って」で書いておられるように、私たちの存在は、宇宙神の大計画のなかに組み込まれているのだと思います。

それも、私たちが教えにつながってからだけでなく、それ以前からすでに決まっていたように思います。

五井先生、昌美先生の真理を伝える喜び

私は十八歳の頃、リルケ*の『マルテの手記』（望月市恵訳・岩波文庫）を読んで、深い共感を覚えました。

これは、デンマーク出身の無名の青年が、二十世紀初めのパリの街を彷徨しながら、真実に「見ること」を学んでゆくという、手記の形をとった小説です。私はこの作品と出会うことによって、自らの人生についてより深く考えるようになりました。

その結果、五井先生の教えに出会うことが出来、自分が主人公のマルテと共に発していた「人間とは何か」「死をも含めて、人生の目的とは何か」という根本的な問いに対する答えを得ることが出来ました。

この作品にはまた、死について、あるいは孤独について、後に昌美先生が説かれる真理を予感させるような箇所が随所にあります。

たとえば、病院で大量生産される現代の死について、

「もう暫くすると、個性に富む死は個性に富む生活と同じくらゐ稀になるだらう。あゝ、

今は何もが既製品で間に合ふ時代である。この世へ生れ出て、既製品の生活を見付け、それを身につけさへすればいいのだ。そしてこの世から出て行く日――出て行かなければならない日が来ると、御心配なさいますな、これが貴方の死です、お客様、といふやうなわけである。今は誰もが行き当たりばつたりに死んでしまふ。誰もが病気に附属した死をあてがはれるのである。(今ではあらゆる病気が知りつくされ、最後の総決算はどれも病気に附属してゐて、人間に附属していなゐことは、誰もが知ってゐる。病人はいはば何もしなくていいのだ)」

とマルテは記し、次のように述懐します。

「今では知辺のゐない故郷の家を想ふにつけて、僕は以前は死がまだこんなではなかつたに違ひないと考へる。その頃は誰もが、果実が核《さね》を秘めてゐるやうに、自分の内部に死を秘めてゐるのを意識し、また感じてゐたに違ひない。子供は小さな死を、大人は大きな死を秘めてゐた。女はそれを胎内に、男は胸中に秘めてゐた。とにかく誰も死を宿してゐて、そのために特殊な落着きと物静かな品威とを感じさせた。」

そしてリルケは、人間の内部で成長する「固有の死」という思想を展開します。

これは、昌美先生の説かれる「輝かしい死」「死を演出し、芸術にまで高める」という思想の先駆をなしているように思います。

「死を見つめれば見つめるほど、自らの死を考えれば考えるほど、自らの死の演出を心がければ心がけるほど、自らの生を見つめ直さなければ決して素晴らしき死を迎え入れることは出来ません。死を見つめることは早ければ早いほうがよいのです。若ければ若いほどよいのです。自分の死を輝いたものにすることが理解できれば、それだけ自分の生そのものが素晴らしいものとなるからです。」（一九九八年三月号法話「死への芸術」、『愛は力』収録）

そのリルケが『マルテの手記』を書いてからちょうど百年後の二十一世紀のパリにおいて、ヨーロッパの人々に対して「宇宙の真理を顕す祈りと印」と題して、五井先生、昌美先生の説かれる真理について講演することが出来たことは、個人的にも感慨深いものがありました。

文学でも、音楽でも、芸術でも、哲学でも、私たち日本人はヨーロッパから学ぶことはあっても、ヨーロッパが日本から学ぶことは、印象派の画家たちが浮世絵の版画から影響を受けたこと以外はあまりなかったように思います。その意味では、今日まで圧倒的に輸入超過でした。

そのヨーロッパにおいて、五井先生、昌美先生の説かれる普遍的な真理について、初めて本格的に講演できたことは、画期的なことであったと思います。

今の日本が世界に誇るべきものは何もない、と当の日本人自身が語るのをよく耳にしますが、これは五井先生や昌美先生の存在を知らず、私たちの五十年にわたる祈りによる世界平和運動を知らない人々の言で、今後このような論議は通用しなくなると思います。

私は、講演会でもワークショップでも、機会があれば、次のように語りました。


——「世界人類が平和でありますように」というこの言葉はピースポールやステッカーを通してほとんどの日本人が知っています。どの団体が推進しているかは知らなくても、この言葉自体はよく知られています。

日本人は第二次大戦の経験から、また広島と長崎に原爆の洗礼を受けた国民として、平和を愛する気持ちを大変強く持っています。

また日本は「国権の発動たる戦争と、武力による威嚇又は武力の行使は、国際紛争を解決する手段としては、永久にこれを放棄する」という条文のある憲法を持っています。私は日本人として、このような憲法を持っていることを大変誇りに思います。

白光真宏会の本部は富士聖地と呼ばれ、富士山の山麓にあります。もともと清らかな次元の高い場所であったのですが、この地において、長年にわたり多くの人々により、世界人類の平和が祈られ、また毎月一回、世界各国一国一国の平和を祈る特別行事が行なわれてきました。その結果、ますます次元が上昇し、地上界を三次元とし神界を四次元としますと、現在この地は三・九次元以上になっている、と西園寺昌美先生はおっしゃっています。

この地上界にあって、限りなく神界に近い場所、いつも宇宙の高次元波動が降り注いでいる場所です。富士聖地を訪れる人は、どなたでもその波動を浴び、感知することが出来ます。

皆さんが、もし日本にいらっしゃることがありましたら、ぜひ富士聖地をお訪ねください。

今回、私たちは、その富士聖地でしか降ろすことの出来なかった「宇宙究極の光」を、この西ヨーロッパの地に降ろすために参りました。そして、無事その光を降ろす神事は成功いたしました。

皆さん、宇宙の真理を顕す祈りと印を共に行ないましょう。――

私たちにとって、五井先生、昌美先生の真理を人々に伝えることほど、魂の喜びを覚えることはありません。

宇宙根源の響きと「人類即神也」

私たちはパリで「宇宙究極の光を降ろす神事」を行ない、その後、各国各地において、三人で、あるいは多くの人々と共に、「宇宙根源の響きを響かせる神事」を行なっているうちに、きわめて単純な事実に気づきました。それは宇宙究極の光を浴びることによって、人類が「人類即神也」という真理に急速に目覚めるということです。また宇宙根源の響きに共鳴共振することによって、人類が「人類即神也」という真理に急速に目覚めるということです。

即ち、「人類即神也」こそ、宇宙究極の真理であり、宇宙根源の響きそのものでもあるのです。

私は昌美先生の「あなたは創造者」という法話（二〇〇一年四月号、『あなたは世界を変えられる』収録）を拝読した時の感動を今も忘れることが出来ません。


人類よ、汝らは神なりき。

神とは、創造主のことである。

故に、汝ら一人一人は創造者なり。

現に汝らは、汝ら自身を創造し、創造しつづけているではないか。

人類よ、汝らは神なりき。汝らは創造者なり。


これは、昌美先生によって人類に示された、宇宙神からの重要な神示《メッセージ》であると思いました。

「人類即神也」であるが故に、「我即神也」になります。

神であり、創造者である人類は、その意識によって、あらゆるものを創造することが出来ます。

何を、どのように創造するかは、人類の自由に任されています。

神のみ心に適ったものも、適わないものも創造することが出来ます。

神のみ心に適わぬものは、それは実在ではないが故に、現われては崩れ、消え去ってゆきます。それが即ち、消えてゆく姿の真理です。

そして今、人類は、宇宙究極の光を浴び、宇宙根源の響きに共鳴して、また多くの人々が人類一人一人に代わって組みつづける「人類即神也」の印によって、再び本来の「人類即神也」の真の姿に目覚めようとしているのです。

普遍性と特殊性

五井先生は神我一体を経験され、天と地をつなぐ者となられました。

そして、私たち人類に「天とは人間の奥深い内部であり、神我とは内奥の無我の光そのものである」と教えてくださいました。

五井先生、昌美先生の弟子である私たちもまた天と地をつなぐ者とならなければなりません。それが即ち神人です。

天と地をつなぐ方法、それが世界平和の祈りであり、「我即神也」と「人類即神也」の印であり、またマンダラであります。それらは天地一体となるための方法であると同時に、天の理想を地に顕すための方法でもあります。即ち、個人人類同時成道の道であります。天とは宇宙法則であり、普遍性です。地とは現実、特殊性であり、さまざまな多様性となります。

天は人を介して大地にアースすることによって、天地を貫いた強い光が流れます。

五井先生は詩「そういう人を」で、

「彼の思想は天にあり彼の歩みは大地を踏まえ」

とうたっておられます。

そして普遍性は特殊性のもとに顕れます。それは、地にあって、時間と空間の制約の中で、歴史となり、文化となり、伝統となります。

私は、このたびの海外神事の旅において、世界平和の祈りが、「我即神也」「人類即神也」の印が、そしてマンダラが、多くの人々によって、喜びをもって実践されている姿を如実に見て、大変感動いたしました。

祈り、印、マンダラを知った人々は、それを実践することによって、その素晴らしさを実感し、さらにその道を極めようと精進しています。

またさらに、その素晴らしい祈り、印、マンダラを多くの人々に伝えようとしています。大いなる光明エネルギーのダイナミックな回転、連鎖運動が起こっているのです。

祈り、印、マンダラの持つ普遍性が人々の心を強くとらえているのです。

それを実践している人々には、キリスト教などの信仰を保持している人も多いと思われます。そこに矛盾は生じないと思います。

いや、むしろ、五井先生が『小説阿難』や『老子講義』や『聖書講義』を書いておられるように、人々は、祈り、印、マンダラを実践することによって、釈尊や老子やイエス・キリストの教えの真髄を体得できるようになると思います。

私自身も五井先生、昌美先生の教えを実践することによって、釈尊や老子だけでなく、改めて良寛さんや一遍さん、空海や、王陽明の素晴らしさがわかり、それだけ古人の知己がふえて心が豊かになりました。

私たちは神事の旅で、パリ、サンセバスティアン、フィレンツェ、シシリー島、ベルリン、ブルージュ、バーミンガム、エジンバラ、アムステルダムとヨーロッパの各地を巡って、それぞれの地の街並みの美しさや、歴史や文化の多様さに大きな感銘を受けました。普遍性は特殊性として現われてこそ魅力を発揮します。

この普遍性と特殊性については、五井平和財団の「生命憲章」の四つの原則のうち、第一と第二の原則に端的に表現されています。

1　生命の尊厳

すべての生命を尊重し、愛と調和を基調とした世界。

2　すべての違いの尊重

異なった人種、民族、宗教、文化、伝統、習慣を認め合い、尊重し合い、その多様性をたたえ合い、喜び合える世界。

そして、社会的にも、精神的にも、また、あらゆる面において、差別や対立のない世界。

果因説によって人類は救われる

「人類即神也」の宣言と印は果因説です。

「我即神也」の宣言と印も果因説です。

無限なる愛、無限なる調和、無限なる叡智、……と、人類の神性をそのまま唱えることによって、即、顕現する光明思想徹底行も果因説です。

自己が宇宙エネルギーと一体になることによって、宇宙の真理を顕現するマンダラも果因説です。

私たちは果因説によって、神そのもの姿を、今、ここに、顕せばよいのです。

昌美先生が、私たち人類に果因説を教えてくださった現在、人類はもう過去を責め合ったり、悔いたりする必要はありません。

過去は文化、個性、多様性として、プラスの面のみが残ります。

人類は一つ――私たちは、宇宙神の大計画に沿って、自らの天命を完うしてゆこうではありませんか。

世界人類が平和でありますように
人類即神也

＊ライナー・マリア・リルケ（Rainer Maria Rilke）詩人。一八七五年ボヘミア（現在のチェコ）のプラハに生まれる。初期の詩集に「形象詩集」「時禱詩集」、中期に「新詩集」小説「マルテの手記」、後期に「ドゥイノの悲歌」「オルフェウスに捧げるソネット」等の作品がある。一九二六年スイスのミュゾトで死す。

（「白光」二〇〇三年七月号）

日本の天命と私たちの使命

神様からもらった平和憲法

現在、世界中の人々が最も関心を寄せる焦眉《しょうび》の問題は、イラク問題とイスラエル・パレスチナ問題であると思います。日本ではイラクに自衛隊を派遣したこともあって、憲法改正論議が一段と熱を帯びてきています。

そのような時にタイムリーに、五井先生の著書『天の心かく在り―日本の進むべき道』が出版されました。これは昭和三十八年から四十二年までの聖ヶ丘道場統一会における先生の講話から選ばれています。

その中で五井先生はおっしゃっています。

「日本の天命とは何かというと、大調和精神、大和《やまと》の心です。昔は、日本は大和と言いました。大和《だいわ》精神、日本の日というのは霊ですからね。霊の本。自ずからそういう天命の名前がついている。

そういうふうに、日本は元々大調和の中心の国なんですね。地球世界がいよいよ危なくなる手前でもって、日本は太平洋戦争に負けまして、平和憲法を神様からもらいました。アメリカが作ったとか、なんとか言うけれども、実はアメリカが作ったのでも、日本が作ったのでもなく、天のみ心が、自然にそういうふうに作らせたわけですね。

そしてまた、天のみ心が、天皇制というものをなくさなかった。普通だったら、戦争に負けたんだから、天皇制なんかなくなっちゃいますよね。……

日本が大調和を創る国なんだということを判らせるために、平和憲法というものも出来ている。それがずーっとどうやっても壊れないで、今日まで来ていますね。

細かい所は悪い所があるかもしれませんよ。しかし、根本的なものはいいですね。今の自衛隊がいいとか悪いとか、そんなことは別問題ですよ。」

日本の天命を完うするという大局観に立って、憲法改正論議がなされるためにも、五井先生の著書が世に広く読まれることが望まれます。

世界から尊敬される国に

五井先生は『愛・平和・祈り』(昭和三十七年発行)の中の「日本と世界平和運動」でも、日本の天命と日本人の天分について書いておられます。

「日本人は右のもの左のもの、縦のもの横のものという、あらゆる種類の思想や物事を、調和させて、成就させる天分をもっています。ですから外国文明も日本に来ると、日本に本来あったものとうまく調和して、到来したもの以上の立派なものに仕上げることが出来るのです。……

そういう点で日本は、霊肉一致する、天地を調和させる天命を持った国柄なので、物質文明文化も素直に取入れて、今日の文明文化国家となっているのです。」

確かに、仏教も日本に入ってきて、日本に元からあった宗教、神道と混合して発展し、空海や法然、親鸞のような祖師方を生み、良寛禅師のような人物をつくり上げたと言えるでしょう。

江戸時代には、武士は藩の塾や私塾で儒教道徳を教えられ、庶民は寺子屋で仏教道徳を教えられました。ラフカディオ・ハーン（小泉八雲）が日本に来て、日本人と付き合って、こんなに心のやさしい、深い愛情をもって神や仏を崇拝する民族はいないと言ってほめたたえました。ハーンが知ったのは、長いあいだ仏教や神道によって養われた心を持った人間であった、と梅原猛氏は語っています。

儒教についても、日本に入って来て、日本人が本来持っている正直、素直という徳と一体となって、吉田松陰や西郷隆盛のような人物を育てたと言えるでしょう。

漢字学の白川静氏は、東洋の理想を求め、その歴史的な実証を志して学問を始めました。「そのうち、上海や満州でごたごたやり出して、『東洋』はずたずたになってしまい、挙句の果てに国が滅びるほどの無残な負け方をした。これはもう文化的な方法で立つしかない。それには中国の学術を凌駕する研究を以って臨み、それによって尊敬を獲得するしかないと思った」と白川氏は語っています。

白川氏は二十世紀になって大量に発見された甲骨文（中国最古の文字で、亀の腹甲に刻まれた象形文字）や金文（青銅器に鋳込まれた文字）の古い漢字の字体の研究によって、漢字の語源を解明し、その発展を辿り、画期的、かつ総合的な漢字学を打ち立てました。

白川氏の言う「東洋」は主に東アジアの漢字を共有する文化圏を指しますが、それは単に文化の問題であるだけでなく、精神の問題であり、その精神を生活化するならば、節度というようなものになる、と語っています。

科学技術の分野では、坂村健氏が一九八四年に開発したトロンという基本ソフトは、現在、携帯電話、デジタルカメラ、車のエンジン制御など、世界で最も使われている組み込みコンピュータ用の基本ソフトになっています。

コンピュータが情報を扱い社会を支えているものである以上、物理的な機械とは違い、文化に深くかかわりを持っている。漢字一つとっても、欧米主導で作られたコンピュータの世界に、異なる文化を持ち込むために苦労した日本の経験は重要である、と坂村氏は語っています。

坂村氏は「そもそも日本国憲法の前文に、日本は世界に尊敬される国になるというようなことが書いてあるわけです。……そういう気持ちで私が始めたトロン・プロジェクトは二十年間、組み込みコンピュータ・システム分野で世界貢献を目指し、研究・開発してその成果を世界にオープンにしてきました。徐々にですが、そういうことが世界的にも認められるようになり、いまやトロンは世界の組み込みコンピュータの標準になってきました」と語っています。

白川氏や坂村氏は、日本人の天分を発揮して、世界標準となるような学問や技術によって、世界に貢献していると言うことが出来ます。

人類への奉仕者を育てる

今年の富士聖地における新年祝賀祭において、二〇〇四年は人類大浄化の年であるとして、新たに、「人間と真実の生き方マンダラ」と「人類即神也の宣言文マンダラ」を書く神事と、七時、十四時、二一一時に「呼吸法の唱名」を行なう神事が発表されました。

その日、講師の皆様が本館前に整列し、野外会場に入場するために行進されるのを、たまたま本館脇にいてお迎えしました。その列は途絶えることなく続き、千六百名以上に及びました。その人数と、お　人お一人の人類愛と使命感にあふれた輝かしいお顔を拝見し、このような人々がこれだけいたら、世界人類は本当に救われる、白光真宏会はすごいと思いました。

五井先生は、会員さんとは仁のある付き合いをしなさい、すなわち、愛と尊敬の念を持って対しなさいとおっしゃっていました。

現在、月一回行なわれている、理事と理事心得による、全維持会員一人一人の氏名を読み上げ、即神也と祈るピラミッド特別神事は、そのような五井先生のみ心そのものの行事であると思います。

このようにお互いに心から尊敬し合える人々の集まりである白光真宏会は本当に素晴らしいと思います。

五井先生、昌美先生の説かれる、個人人類同時成道の道を実践していますと、純粋に人類に奉仕したいという気持ちがみなぎってきます。

そして、さらに講師養成コースに申し込んで、講師への道を歩まれたり、若い人はHSK（奉仕青年活動）に申し込んで、訓練に励みます。その他、それぞれの国で真理を広める活動をするための人材養成を目指す七〇（ナナマル）プロジェクトなどもあります。

それらは、いずれも、白光真宏会のために働く人材を養成するというよりは、「世界人類が平和でありますように」「人類即神也」という言葉が端的に指し示す通り、世界人類のために、世界人類に奉仕する人材を養成することを目指しています。

このように見てまいりますと、白光真宏会は、そのまま人類への奉仕者を育てる大変優れた教育機関になっていると言うことが出来ます。

その教育は基本的に、自己教育、自己検証によるもので、徹底的に自由意志を尊重し、一切の強制がありません。すべてが自発性によるものですから、その教育は全人的、全時間的なものになります。

それは肉体的、精神的、心霊的な、人間という生命体の全領域にわたる教育であり、人類の宇宙的進化を促進するものであります。

二十一世紀における人類の指導者は、このような人類への奉仕者の中から自然に現われてくることでしょう。

また、各分野で優れた仕事をしている人類の指導的な人々は、自然に私たちの運動に共鳴し、さまざまな形でかかわり合い、共に人類のために働くことになることでしょう。

私たちの使命

五井先生は『神と人間』（昭和二十八年発行）の中で書いておられます。

「神の自己顕現の過程において、各国、各人種に分れ、各別個の生活を営んでいるのは、神が、各直霊となり、各分霊と分れて、この人類世界を創ったのと同じ経過なのである。各国、各人類、民族、それぞれの個性、特徴をもっていてそれをお互いが、極度に発揮しながら、お互いの力を交流し合い、利し合い、多でありながら、一つに調和してゆき、神の意志を、人類世界に顕現してゆくのが、この現界の人間なのである。」

私たちが世界平和の祈りを行ない、人類即神也の印を組んでいる時、また人類の目覚めのためのさまざまな神事を行なっている時、その行為はそのまま、自らの人類としての使命を果たすと同時に、自らの祖国日本の天命を完うすることにもなっていることを確信しています。

そこに何の矛盾も葛藤もないことを本当に有り難く思います。

私たちは、このように素晴らしい真理に則った生き方があることを、世の多くの人々に、自信と確信をもって伝えてまいりたいと思います。

（「白光」二〇〇四年六月号）

言葉について

私たちは日々言葉を使って生き、生活しています。昌美先生は、その私たちの使う言葉の重要さについて、さまざまな角度から繰り返し説いておられます。そこで改めて、言葉の使い方という観点から、五井先生、昌美先生の教えを振り返ってみたいと思います。

言《ことば》の根元に遡《さかのぼ》って言葉を使う

五井先生は『聖書講義』の「太初《はじめ》に言《ことば》あり」の章で、

「太初《はじめ》に言《ことば》あり、言《ことば》は神《かみ》と偕《とも》にあり、言《ことば》は神《かみ》なりき。この言《ことば》は太初《はじめ》に神《かみ》とともに在《あ》り。万《よろず》のものこれに由《よ》りて成《な》り、成《な》りたる物《もの》に一つとして之《これ》によらで成《な》りたるはなし。之《これ》に生命《いのち》あり、この生命《いのち》は人《ひと》の光《ひかり》なりき」

というヨハネ伝第一章の文章は、霊感によって書かれたものである、とおっしゃっています。

「この言《ことば》とはいったい何を現わしているのでしょう。一口にいってしまえば、波動のことなのであり、ひびきのことなのであります。この波動（ひびき）は生命そのもののひびきであり、光の波動なのであります。ですからこの言《ことば》は、太初《はじめ》に神とともにあった。つまり、唯一絶対なる宇宙神が、創造活動をはじめられて、光の振動をはじめられるまで、神のみ心の中で静止していたのでありますが、宇宙神の創造活動とともに、言《ことば》となって諸方にひびいていったのです。それは生命のひびきであり、光の波動でもあったわけです。

そういう生命《せいめい》波動、光のひびき、いわゆる言《ことば》が宇宙創造を成し遂《と》げていったのであり、現在も成し遂げつつあるのであります。」

「実に言《ことば》というものは大事なものでありまして、人びとは常に言《ことば》の根元に遡《さかのぼ》って言葉を使うようにしなければならないのです。光ある言葉、生命ある言葉を日常茶飯事にでも使えるようにならなければ、神のみ心を地に現わすことができません。

私はこの言《ことば》と言葉をはっきり二つに分けて説いておりまして、言《ことば》のほうは光の波動（ひびき）、言葉のほうを想念波動と説くのですが、言葉にしても想念波動にしても、その根元は、言《ことば》であり、光であるのですから、純粋な言《ことば》とし、汚れなき光の波動とするためには、言葉や想念波動のでてくる頭脳や心を空《から》っぽにする必要があるのです。いわゆる小智才覚を捨てる、ということです。」

そのためにこそ、想念を神のみ心に向けきってしまう祈り心が必要になってくるのです。人間の本来性である、光の中に、言《ことば》の中に、生命の本源の中に飛びこんでゆく祈りが大事な行事になってくるのです、と五井先生はおっしゃるのであります。

言葉本来の働きと創造力

私は、昌美先生の「白光」一九九八年九月号の法話「言葉の正しい使い方」を拝読して、大変深い感銘を受けました。これは先述のヨハネ伝第一章と同じように、宇宙神より昌美先生を通して人類に示された神示《メッセージ》であると思いました。

この法話で示された昌美先生の言語哲学は真に普遍的、かつ独創的なもので、二十一世紀の思想や哲学は、ここから出発すべきであるし、現実にそうなるであろうと思いました。

そこで説かれていることは、言葉とは人とのコミュニケーションのための手段（ツール）であるという世の常識とは、全く異なったものです。

「本来、言葉とは、人に語りかけるために出来たものでもなければ、かつまた人とのコミュニケーションを目的にして発達してきたものでもありません。」

それでは、言葉とは一体何なのでしょうか。

「本来、言葉とは、天のひびきを感じた人間が自分自身に向けて語っていたものです。」

これが、言葉の第一義です。

もともと声に出して語らずとも、以心伝心によって、人々との交流は完全に出来ていたとおっしゃいます。

では、言葉は何のために在ったのでしょうか。

「それは、第三次元の世界に物質を現わすために必要だったのです。……自らの持てる無限なる叡智、無限なる直観、無限なる創造力を最大限に発揮して、自らの内にある霊なる力、神なる力を結集させて、宇宙神に向かって声を出すことによって、言葉に表わすことによって、物質を生み出していったのです。」

これが言葉の第二の本質です。

すなわち

「自らの内より発せられた言葉そのものは、自らに伝えるものであると同時に、宇宙神に向かって語られ、捧げられたものであります。」

これが、言葉の本来の働きであり、言葉の本質なのであります。【注】

言葉は本来、無限なる創造力を持っています。神が言《ことば》によって宇宙を創造し万物を創造したように、人間もまた言葉によって、宇宙神とともにあらゆる物を創造してきたのであり、現在も創造しつつあるのであります。

このことから、自分の語る言葉はすべて、表面意識としては、そして世間の常識としては、相手に向けて語られた言葉であったにせよ、すべては自分自身に向けられ、自分自身に対して語られた言葉であるということになり、言葉が本来持つ創造力によって、その結果が自分自身の上に実現することになります。

この真理が本当にわかりますと、人に対してマイナスの言葉を発することなどとても出来なくなります。

私たちのたった一言が人を傷つけ、人を怒らせることが出来れば、またその逆に私たちのたった一言が人を喜ばせ、人を癒すことも出来ます。

自分に語り聞かせるつもりで語る言葉こそが、相手にとってもふさわしい言葉であり、好ましい言葉であるということになります。

賛嘆の言葉が本心を顕現する

実際、自分自身を満足させる賛嘆の言葉や感嘆の言葉こそが、自分にも人々にも必要なのです。

なぜ人々は自分自身が人からほめられたり、称《たた》えられたいのでしょうか。

「それはかつて自分自身の本心が神そのものであり、その神であった頃の世界、生活を思い出させてくれるからであります。それらの言葉は、人々の心を喜ばせ、励まし、勇気づけてくれるものです。その言葉を聞くことによって、かつての自分が神そのものであった頃の真理そのものを思い出してゆくのです。」

昌美先生のこの言葉を如実に体験する機会が最近ありましたので、紹介させていただきます。

それはワールド ピース プレヤー ソサエティ（WPPS）がスコットランドで展開中の教育プログラム「無限なる可能性」の中の一つを、五井平和財団において実験的に体験した時のことです。

十数人で輪になって座り、全員に一枚の紙が配られます。その紙にはポラロイドカメラで撮ったばかりの自分の写真が貼ってあります。

その紙をそれぞれ自分の左側の人に渡してゆき、自分の所に回ってきた写真の人について、自分が感じている最も素晴らしいことを自分の言葉で表現し、好きな色のサインペンで書き込みます。一回りすると、自分を称える色とりどりの言葉の記された紙が自分の所に戻って来ます。

それらの言葉を読んだ時、なんともいえぬ嬉しさが心の底からこみ上げてきました。その喜びは深く、高く、広く、未だかつて体験したことのない種類のものでした。きっと自らの本心そのものが喜んでいるのだと思います。その喜びは三日、四日と続き、その余韻がさらにしばらく続きました。これは、参加者が等しく感じたことです。

おそらく、そこに書かれた言葉は、その人の真実《ほんとう》の姿、神性そのものを現わしているのだと思います。昌美先生のおっしゃる言葉の本来の働きと創造力によって、自分でも気づいていなかった神性が顕現した、その喜びなのだと思います。

自分自身が他の人々を称え、自分も全員によって称えられた、その相乗効果によって、喜びはいや増したのだと思います。

来《きた》るべき平和世界とは、このように美しい言葉のみが語られる、生命《いのち》あふれる世界に違いないと思いました。

生命《いのち》そのものが言葉です

「言葉の真の意味は生命《いのち》です。生命そのものが言葉です。今生の生きとし生けるもの、一切の生命あるものは言葉を発しつづけています。我々はその言葉を聴けないだけです。いや聴こうとする心を失ってしまったのです。魂が聴こうとすれば、必ず聴くことが出来るのです。岩も砂も語っています。海も河も語っています。植物も動物も語っています。太陽も星も惑星もみな、一斉に言葉を発しつづけています。生命の讃歌を！　生命の歓喜を！　生命の永遠を！」

地球世界感謝行を行なっている私たちは、昌美先生のおっしゃっていることがよく判ります。

このような生命《いのち》そのものが語る言葉を聴く心を持ってこそ、私たちの発する言葉もまた、言葉本来の力を持つことが出来るのではないでしょうか。

一粒の普通のトマトの種から、一万個以上の実のなるトマトの巨木を育てた野澤重雄先生は、人間と植物だけでなく、生き物同士は全部心が通じ合うとおっしゃっていました。

わが家では、一匹の雌犬を飼っています。犬との心や感情のやり取りは実にこまやかなものがあり、大変楽しく、可愛いものです。その対応は家族一人一人に合わせて全部違います。

ある時、なぜ可愛いのか、その大きな要素は、犬が人間の言葉を話せないことにあると思いました。

こちらの話すことは、ほとんど判るようで、じっと目を見て、一生懸命理解しようとします。

神様も肉体人間が一生懸命神のみ心を理解しようとしている姿を見て、可愛いと思っておられるのではないでしょうか。

私は犬にも霊性(仏性)があると思っていますが、昨年、富岡鉄斎展で扇面に犬の素描と詩が書かれた作品を見て嬉しくなりました。読み下すと、次のようになります。

「吾　常に狗《いぬ》の嘻々《きき》たるを愛す。狗子《くし》　吾に馴《な》れて小児の如し。狗子　誰《たれ》か仏性無しと言わんや。吾　狗子に於《お》いて復《ま》た奚《なに》をか疑わん。」

私たち人間は、たとえば犬と接することによって、言葉を超えた生命《いのち》の世界に生きている自分自身を見出しているのではないでしょうか。

二十一世紀の言語と個の責任

昌美先生は「白光」二〇〇五年四月号の法話「二十一世紀の言語」において、二十世紀は否定的な言葉が世界中を覆い尽くし、人々は低次元意識レベルの言葉に振り回され、操られ、翻弄されて生きてきた時代であった。だが、二十一世紀に至った今、人々は言葉の偉力に目覚めなければならないと書いておられます。

「二十一世紀の言語は、高次元意識レベルの言葉によって構成されるべきなのである。人類一人一人が高次元の言葉を発することにより、世界は進化創造されてゆく。」

高次元意識レベルより発せられる言葉とは、我即神也、人類即神也をはじめ、無限なる愛、叡智、能力、光、パワー、エネルギー、調和、繁栄、歓喜、生命……などです。これらの言葉は無限なる生命エネルギーを放ち、いかなる低次元意識レベルの不調和な言葉をも光へと変容させてしまいます。

昌美先生は、二十世紀はまた、人々が自らの非を棚に上げ、自らの不平不満の責任を何でも他人のせいにする責任転嫁の時代でもあった。だが、二十一世紀に至った今、地球の波動は変わり、次元上昇を遂げつつある。そのため、利己的な生き方は許されなくなる、と書いておられます。

「普遍の法則が、宇宙を、地球を、人類を司っている。その法則に沿うための必要欠くべからざる条件とは、『個の責任の認識』である。それは人類みな一人残らず、平等に果たすべきことである。」

人間は、老いも若きも、富める人も貧しき人も、健康な人も病める人も、言葉を使うことが出来るという点においてはみな平等です。

二十一世紀の人類の生き方とは、個人として自立し、自らの言葉に責任を持ち、高次元意識レベルの言葉を発することにより、人類の進化と創造に貢献してゆくことである、と言うことが出来ると思います。

その高次元意識レベルの言葉の力を最大限に発揮する方法こそ、世界平和の祈り、印、マンダラ、呼吸法の唱名、地球世界感謝行、光明思想徹底行に他なりません。

昌美先生は、神人および神人予備群が日々行なっている、それらの行により、今や地球上の至るところに大光明の共磁場が築かれつつある。真理の言葉、善なる言葉、愛、赦し、感謝……などのエネルギーが、共磁場を作り上げている。この大光明の共磁場こそが、人類にとっての大いなる救いなのである、とおっしゃっています。

私たちは、これらの真理の言葉の行にますます励むとともに、日常生活においても、否定的な言葉を使わず、光ある言葉、生命ある言葉を使うようにしてゆきたいと思います。

【注】 文字の発生は言葉の発生よりずっと後のことだと思いますが、漢字学の白川静氏は、古代の神聖王朝時代に甲骨文にある四千五百ぐらいの文字が一遍に生まれたと説いています。
「文字というのは、人間同士がいろんな情報を交換して用事を足すといった、実用的なことのために生まれたのではなくて、神様に祈るために生まれたんです。エジプトのヒエログリフ(聖刻文字)も、ピラミッドの中にしかなくて、美術品みたいにきれいな文字です。内容はいわゆる〝死者の書〟で、神様になられた王様に告げるというものだったんです。甲骨文も神様に問うためのもので、神様が承知なさったということにして、王様が行動に移す。王の神聖性を神様に保証してもらうための、手続きであったわけですね。」(『回思九十年』より)
白川氏の文字の発生説は昌美先生の言葉の発生説とパラレルに響きあうものがあって、面白いと思いました。

(「白光」二〇〇五年六月号)

良寛

二十一世紀の人類の生き方

二十一世紀の価値観は人格がすべて

昌美先生は「白光」二〇〇五年八月号の法話「常識から超常識へ」で、「人間の価値は、人との比較によって決まるものでは決してない。そういった評価は、二十世紀、物質文明時代を代表する価値観である。

二十世紀の人間の価値観は、名誉ある地位につくための、より金持ちに、より権力者に、より支配者になるためのものであった。

だが、二十一世紀の人間の価値観は、全く違ったものとなる。人格がすべてである」

と書いておられます。

そして、いかなる体験も、自らの人格を高めるために、決して避けては通れない尊い体験なのである。すべての事柄、状況、環境を、自らの責任において受容し、それらを通して学びを勝ちとってゆくのである。いかなる苦しみも悲しみも痛みも、すべては自らの人格を向上させるための学びなのである、とおっしゃっています。

宗教とは、人間の生き方の根本となる教えという意味ですが、その教えの価値は、その内容はもとより、その教えを説く人とその教えを実践する人々が、どれだけ真理（愛と調和）を現わしているかによって決まります。

その点、私たちは五井先生、昌美先生という心より尊敬できる方を戴いて、本当に幸せです。私たち人間の一生は、結局、どのような人を慕い、どのような人に憧れるかによって決まる、とも言えると思います。

五井先生と良寛さん

五井先生は『神への郷愁』の「純真無礙」という随想で、

「私は少年の昔は、良寛さんの人格が好きで、良寛さんのことを書いてある本を、あさり読みしては、こんな純真な、こんな柔和な、こんな円満な人格に自分もなりたいものだ、なんとかして良寛さんになりたい、良寛さんこそ自分の道を指し示す唯一無二の人である、と、自分の性情に照し合わせて、良寛さんを慕いつづけていたのであったが、いつしか種々な人の本を読み、種々な聖者賢者の影響を受け、良寛さんもその人々のうちの一人ということになってしまっていた。しかし良寛さんの行為から受けた影響は、今日になって、日常生活のうちにその幾分かが自然に行為されているようである」と書いておられます。

その五井先生が、良寛展に行った知人が買ってきてくれた良寛の書の写真版を見て、今更のように良寛さんの童心、その純真無礙なる心に驚いてしまったのである、とおっしゃるのです。

「私が一番感動したのは、その表紙になっていた『天上大風』という文字であった。その文字は、低学年の少年が書いたような文字であって、良寛の書であることを知らぬ人が見たら、恐らくは子供の書いた文字と思い違えてしまう程に、飾り気のない文字である。

（中略）

良寛さんの純真無礙なる人格が、そのまま文字になって浮き出しているのである。良寛さんの日頃からの心境が、筆にも墨にも紙にもわずらわされず、そのままそこに画かれているのである。

私は自分の心が洗われるような気持になってじっとその文字をみつづけ、閑《ひま》があるとまた出してはじっとみつめていたのであった。

私はこれだけ自己の心を、なんの隠しもなく裸で人に見せて、人に恥じないでいられる人を、あまり見たことがない。長年にわたり、様々な学問知識を身心につけ、様々な体験を経ていながら、童心をそのまま損わずに一生終っていった良寛さんのような人は、確かにいつの世においても、一服の清涼剤たるを失わない。偉大なる童心、純真無礙の人格、良寛和尚のような人が、今日の世に何人か現われていたら、この世はそれだけで、清々しいのではないか、としみじみ思ったのである。」

この「天上大風」については、次のような話が伝わっています。

良寛さんの書は当時から評判で、人々はなんとか書いてもらおうと知恵をしぼりましたが、容易に書いてもらえません。しかし子どもがねだると、すぐ書いてくれるのでした。

ある時、良寛さんが燕の駅を通りますと、良寛さんを見つけた子供たちがあちこちから集まってきました。一人の子供は、急いで家へかけ上がって、前から用意していた丈夫な紙を持って走り出て、良寛さんに追いつき、凧揚げに使うためと言って書いてもらったのが、この「天上大風」です。

この書は凧揚げに使われた形跡はなく、父の高田屋東樹某はたいそう喜んで、家の宝とし、子供には別に凧を買ってやったそうです。

良寛さんは逸話のたくさんある人で、五井先生は『日本の心』で、いくつか紹介されています。

「良寛さんのいくつかの逸話の中で、私がいつも参った、と思うのは、舟から川に落され、落した舟頭に水から引き上げられると、その舟頭を恨むどころか、かえって生命の恩人として拝んだ、という、その素直な心です。すべてを因縁因果として受けて立ち、落されるのも因縁である、私流の消えてゆく姿であると受け取り、一方救われたのは、み仏がこの舟頭を通して救って下さったという感謝の心で舟頭に礼をいう。そういう、純白無礙の心というものは、なんにもまして尊く有難いものです。」

五井先生の奥様は良寛さんが好きで尊敬していたので、ある時、先生が良寛さんをどのように評価されているかうかがったら、先生の答えは、「良寛さんは、未来永劫、人類の魂を救う人」というもので、五井先生が奥様の予想していた以上に、高く高く評価されているのを改めて知り、とても嬉しかったということでした。

良寛さんの一生

良寛さんは一七五八年（宝暦八年）越後（新潟県）三島郡《さんとうぐん》出雲崎町の名主兼石井神社の神主をつとめる橘屋山本家の長男として生まれ、幼名を栄蔵と言いました。少年時代六年間、地蔵堂町の親戚の家に下宿して大森子陽塾に通い、漢詩、漢文を学びました。元服して文《ふみ》孝《たか》と名乗り、名主見習役を命ぜられましたが、十八歳の時、突然、隣村の曹洞宗光照寺で剃髪、出家してしまいます。二十二歳の時、光照寺を訪れた大忍國仙《だいにんこくせん》の弟子となり、師にともなわれて備中（岡山県）玉島の円通寺に行き、十三年間、真剣に修行に励みました。三十三歳の時、國仙和尚より印可の「偈《げ》」を与えられ、大愚良寛《たいぐりょうかん》と称しましたが、師の示寂《じじゃく》後、宗門での出世コースを捨て、諸国行脚《あんぎゃ》の旅に出ます。

三十八歳の頃、越後に帰った良寛さんは、出雲崎の生家には入らず、各地の空庵と転々とし、四十歳の頃より国上山の中腹にある五合庵に住み、五十九歳の時に麓の乙子神社の草庵に移りました。晩年は住みなれた国上の地を去って、和島村島崎の木村元衛門邸内の草庵に住んで、七十四歳の冬、和歌と禅の弟子貞心尼や弟の由之に見取られ、この世を去りました。

その宗教と人間性

良寛さんはその漢詩、和歌、書で知られた芸術家ですが、その本質はあくまでも沙門《しゃもん》、即ち、宗教者であり、さらにはその宗教性をも超えた人間性において偉大な人であったと思います。

良寛さんは、人間とは何か、自分とは何か、自分の生は何処から来て、何処へ去って行くのか、真剣に問いつづけた人でした。

我が生《せい》　何処《いずこ》より来《きた》り
去りて　何処にか之《ゆ》く
独り蓬窓《ほうそう》の下に坐し
兀々《ごつごつ》　静かに尋思《じんし》す
尋思するも始《はじめ》を知らず
焉《いずく》んぞ能《よ》く其《そ》の終《おわり》を知らん
現在　亦復《またまた》然り
展転《てんてん》　総て是れ空
空中に　且《しばら》く我有り
況《いわん》や是と非と有らんや
如《し》かず　些子《しゃし》（この道理）を容れ
縁《えん》に随《したが》って且《しばら》く従容《しょうよう》たるに

良寛さんは、結局、師の國仙より提示された『正法眼蔵』を通して道元に出会い、道元と同じように、釈尊が説いた通りの生き方を生涯を通じて誠実に実践した人であったと思います。

「憶《おも》い得たり　疇昔《ちゅうせき》　玉島に在りて／円通の先師／正法眼《しょうぼうげん》を提示せしことを／当時　已《すで》に翻身《ほんしん》の機《き》あり／為《ため》に拝閲《はいえつ》を請い親《こ》しく履践《りせん》す」（「永平録を読む」より）

良寛さんに『仏説遺教云《ぶっせつゆいきょうにいう》』と題された遺墨があります。終始、一点一画もゆるがせにしない楷書の見事さもさることながら、その内容が良寛その人の精神を表示し尽しています。

この書は記憶に基づいて書かれたことが分っていますが、良寛さんは『遺教経《ゆいきょうぎょう》』より六項目を上げて述べ、最後に、さらに「第一口を守る、第二心を摂《おさ》む、第三慚耻《ざんち》を知り、第四堪忍、第五常に独処、第六食を節す」と簡略に要約し、行を改めて、「此《これ》は是《これ》仏の遺法にして、行人の守るべきところなり。謹みて軽忽《けいこつ》にすることなかれ。人命は朝露のごとし。仏法は逢い難し。努力哉《つとめよや》」と結んで、筆を擱《お》いています。

東郷豊治氏は「良寛の生涯をささえた不抜の信念、及び生涯を貫いた崇高な行動は、ことごとく『仏説遺教云《ぶっせつゆいきょうにいう》』のこの六項に淵源し、この六項の実践であったと思う」と述べています。

彼は口を守ったが故に、最も言葉を慎《つつし》み寡黙の人であった。おのれの過去も濫《みだ》りに人に明かしていない。僧でありながら、衆生に向かい説法を試みた形跡すら全くない。彼は心を摂《おさ》めたが故に、おのれを微塵《みじん》もえらぶっていない。名利《みょうり》を求め驕慢《きょうまん》に走るのを戒め、ひたすら天真無垢の童心を愛した。彼は慚耻《ざんち》（恥じること）を知ったが故に、伽藍《がらん》に住まいして紫衣《しい》や金襴《きんらん》で身を虚飾し、檀越《だんおつ》から搾取するような恥知らずをしていない。彼はよく堪《たん》忍《にん》したが故に、最低級の庶民以下の生活に甘んじ、身を持するに峻厳で、人を容れるに寛大であった。彼は常独処を実行したが故に、雑踏の巷を離れ、悠々三十年間を国上山中に孤棲した。そして、彼は食を節したが故に、生涯、托鉢行乞に身をゆだね、受けて余りがあれば惜しげなく鳥獣貧人に頒《わか》ち与え、およそむさぼることをしなかった。

その生き方は、形から見ると、「山中独居」「只管打座《しかんたざ》」「托鉢行脚」に集約されますが、檀家制度によって宗教の世俗化が進んだ江戸時代にあって、決して易しくはない、厳しく、孤独な道であったと思います。

法華経と常不軽菩薩《じょうふぎょうぼさつ》の行

良寛さんにはまた、『法華讃』という遺墨があります。法華経は聖徳太子や最澄以来の日本における大乗仏教の根本経典ですが、良寛さんは法華経を讃え、特に常不軽菩薩品《じょうふぎょうぼさつほん》の常不軽菩薩《じょうふぎょうぼさつ》の生き方に深く深く共鳴し、帰依していました。

「朝《あした》に礼拝《れいはい》を行じ暮《くれ》にも礼拝、但《ただ》礼拝を行じて此《こ》の身を送る。南無帰命常不軽《なむきみょうじょうふぎょう》、天上天下《てんじょうてんげ》唯一人《ただいちにん》」（清風颯々凛々《せいふうさつさつりんりん》）

「斯《こ》の人以前に斯《こ》の人なく、斯《こ》の人以後に斯《こ》の人なし。不軽老《ふぎょうろう》よ、不軽老《ふぎょうろう》よ、我《わ》れ人をして、長《とこし》えに淳真《じゅんしん》を慕わしむ」（不軽《ふぎょう》を讃嘆《さんたん》して、覚《おぼ》えず全身草《そう》に入る）

　僧の身は万事《まこと》はいらず常不軽菩薩の行ぞ殊勝なりけり

という歌もあります。

良寛さんにとって、托鉢行脚こそ、僧としての本分である常不軽菩薩の行の実践に他なりませんでした。

　五井先生は「消えてゆく姿で世界平和の祈り」という自らの教えを要約して、「浄土門的法華経、即ち、神道」とおっしゃいましたが、『生きている念仏』の「大乗仏教と親鸞」の章で、次のように説いておられます。

「法華経にはどんなことが書いてあるかというと、その如来寿量品《にょらいじゅりょうほん》にて釈尊は、自分は仏を得てから経て来た劫の数は、無量百千万億載阿僧祇《さいあそうぎ》なり、つまり、無限億万年前から仏なのだ、生れて三十何歳で仏になったような者でもなく、仏になって四十何年しかたたないような者でもない、といっておられるのです。そして、肉体として生れたり死んだりするのは、只方便の為であって、私は実は生れたり死んだりすることはない。常にここにいて法を説いているものである。私の住んでいるところは、人々の劫がつきて大火に焼かれてしまう時でも、安穏《あんのん》で、天人が充満している云々…といっておられます。

　これは、釈尊という肉体は方便の為に人々の眼の前に現われているので、真実の釈迦牟尼仏という者は無始の方から無終までの永遠の生命《いのち》なのであって、その実相の世界は、天人が充満し、美しい花が咲き充ち、美しい音楽に光り輝いているところなのである、ということなのであります。

そして常不軽菩薩品では、誰も彼もが、皆仏様なのだ、といっているのです。

総体にもっとつづめて申しますと、人間の真実の姿は霊身であり、完全円満な仏（神）なのだが、それを顚倒妄想《てんどうもうそう》して、肉体の人間が真実の人間であると思いこみ、その誤った想念の中で、生死に惑い、五欲に執着して、恐れ、慄《おのの》いているのだ、だから、自己の本体が霊であり、仏（神）であることを真実に想って、肉体であるというさかさまの想いから離れよ、というのであります。」

五井先生はまた、浄土門的宗教、つまり法然や親鸞の教えは、法華経とは全く無関係のように思っている人がたくさんいるが、これは法然や親鸞の真実の心を知らぬもので、「親鸞は確かに法華経を最も易しい念仏に変えて教導した第一人者であったことを私は信じております」と書いておられます。

五井先生はまた『日本の心』の「裕仁天皇のこと」の章で、「人間はすべて神の現れなのですから、誰をみても、神の象徴として礼拝出来るようになれば、常不軽菩薩（釈尊の前身）と同等になって、これにこしたことはないのであります。常不軽菩薩は、誰を見ても、あなたも、あの人もみんな仏様だと、どんな迫害にあっても、人々を拝みつづけたという人でした」と書いておられます。

以上のことから、法華経の如来寿量品《にょらいじゅりょうほん》で我即神也の真理が説かれ、常不軽菩薩品で人類即神也の真理の実践行が説かれている、と理解してよいのではないでしょうか。

そして、私たちが日々実践している

世界人類が平和でありますように

人類即神也

の祈りと印こそ、古くて新しい常不軽菩薩の行の現代版である、と言うことが出来るのではないでしょうか。

良寛さんは、常不軽菩薩の生き方に深く共鳴し、帰依していましたが、熱心な法華経行者であった大正・昭和の詩人宮澤賢治も、常不軽菩薩を己の理想像とし、その心境をうたったのが没後手帳に記されていた詩「雨ニモマケズ」だそうです。

さらに、比叡山の千日廻峰行の精神もまた、万物を礼拝する不軽菩薩行であるそうです。

このように見てまいりますと、海への感謝、山への感謝、植物への感謝など、私たちが行なっている「地球世界感謝行」もまた、「草木国土悉皆《しっかい》成仏」という大乗仏教の根本精神に通じる、万物礼拝行の現代版である、と言うことが出来ると思います。

宗教宗派を超えて

良寛さんの生家は真言宗寺院を菩提寺とし、代々石井神社の神職を勤め、良寛さん自身は出家して光照寺や円通寺の曹洞禅に参じ、帰国後寄寓した各草庵は多く真言宗寺院に属しました。乙子《おとご》神社の草庵に移ってからは、半ば沙門《しゃもん》に似、半ば社人《しゃじん》に似ると自称し、そして最後には熱心な真宗門徒である木村家の草庵にとどまり、没後はその菩提寺隆泉寺に葬られました。

昨年、私が和島村島崎の隆泉寺を訪れた時、丁度お盆前で、木村家のお嫁さんが墓掃除をしていました。正面に良寛さんの墓があり、その左に弟由之《よしゆき》の墓、右に木村家先祖代々の墓があります。お嫁さんのいうには、木村家の屋号は能登屋といい、隆泉寺はもと能登国にあって、一向一揆に加担し、木村家はじめ一族門徒十三名とともに越後に移住してきたのだそうです。

良寛さんは頼まれれば、「南無天満大自在天神」の神号や「南無阿弥陀仏」の名号も喜んで書き与えました。

このように良寛さんには宗教宗派に対する差別観がありませんから、人々もまた、良寛さんのなかに宗派を超えて宗教の神髄を認め、その人間性と人格に親しみを覚えたのだと思います。

そのような人々の気持ちが良寛さんの葬式の時によく示されています。

導師は与板《よいた》の曹洞宗徳昌寺大機《だいき》和尚が勤め、他の曹洞宗四カ寺とともに葬儀を行ないました。また読経を行なった寺院は、真言宗二カ寺、浄土真宗本願寺派四カ寺、同大谷派一カ寺、日蓮宗三カ寺、曹洞宗一カ寺です。以上十六カ寺の住職が参加したことになります。一人の乞食《こつじき》僧の葬式に、宗派を超えて読経が行なわれ、千人近い人々が寒さや雪道もいとわず野辺送りに加わりました。これは当時としては異例のことで、いかに良寛さんが人々から慕われていたかうかがわれます。

良寛さんという一個人の存在が、宗教宗派を超えて人々に愛と調和をもたらしたのです。それは現在も続いています。明治以降、良寛顕彰にキリスト教徒の人が尽力していますし、近年、良寛さんの中に、イスラム教の信仰に通じる姿を見出す人もいます。

また、昨今の良寛ブームはいよいよ盛んで、衰える気配がありません。

次に、良寛さんの漢詩や和歌、書、手紙などを通して、良寛さんの人となりや思想を見てゆきたいと思います。

人間の是非看破《ぜひかんぱ》に飽《あ》く

閒庭百花發
餘香入此堂
相對共無語
春夜々將央

閒庭《かんてい》 百花《ひゃくか》 發《ひら》き
餘香《よこう》 此《こ》の堂《どう》に入《い》る
相對《あいたい》して 共《とも》に語《ことば》無く
春夜《しゅんや》 夜《よる》 将《まさ》に央《なかば》ならんとす

この詩は、良寛のよき理解者であり、歌の友であった阿部定珍《ていちん》の邸で詠まれたものです。

阿部家は五合庵に近いこともあって二人の交遊は頻繁で、

月よみの光を待《ま》ちて帰りませ山路は栗《くり》の毬《いが》のおつれば

という良寛さんの歌は、定珍が五合庵を訪《おとず》れた時に詠んだものです。

良寛さんの名声が上がるにつれ、この阿部家をはじめ与板《よいた》の山田杜皐《とこう》、大阪屋権平、牧が花の解良《けら》家、島崎の木村家など、大庄屋や商人の理解者が現われましたが、良寛さんは彼らの喜捨《きしゃ》に頼ることはなく、托鉢行乞、草庵独居の生き方を生涯、貫きました。

草庵雪夜作
回首七十有餘年
人間是非飽看破
往來跡幽深夜雪
一炷線香古窗前

草庵雪夜《そうあんせつや》の作《さく》
首《こうべ》を回《めぐ》らせば七十有餘年
人間の是非《ぜひ》　看破《かんぱ》に飽《あ》く
往来の跡幽《あとかす》かなり　深夜の雪
一炷《いっしゅ》の線香　古窓《こそう》の前

最晩年の作の一つで、遺偈《ゆいげ》と言われています。心が洗われるような楷書で書かれ、「人間の是非を看破することに飽《あ》きた」とは、「いかなる批判、非難、評価も下さず、それらに対して何ら一切関知せず」という「人類即神也」の宣言文の一節に通じる心です。

和歌

良寛さんは、歌を学ぶのに何の書を読んだらよいかと聞かれて、「万葉を読むべし」と答えていますが、良寛さん自身が本格的に万葉集を学んだのは、六十歳を過ぎてからでした。

良寛さんの歌は自らの感興を素直に詠んだものが多く、すーっと心に入ってきます。万葉以来途絶えていた長歌《ちょうか》や旋頭歌《せどうか》も多く作っています。

手毬《てまり》をよめる

冬ごもり　春さり来れば　飯乞《いひこ》ふと　草の庵を　立ち出でて　里にい行《ゆ》けば　里子供《さとこども》
今を春べと　たまぼこの　道のちまたに　手毬つく　われも交《まじ》りて　その中に　ひふ

みよいむな汝《な》がつけば　わは唄《うた》ひ　あが唄《うた》へば汝《な》はつく　つきて唄《うた》ひて　霞立《かすみた》つ　永き春日《はるひ》を　暮らしつるかも

反歌

霞立《かすみた》つ永《なが》き春日《はるひ》を子供らと手毬つきつつこの日暮らしつ
つきてみよひふみよいむなここのとを十《とを》と納《おさ》めてまた始《はじ》まるを

山かげの岩間《いはま》をつたふ苔水《こけみず》のかすかに我はすみわたるかも
草の庵《いお》に脚《あし》さし伸《の》べて小山田《をやまだ》の山田の蛙《かはづ》聞くがたのしさ
あは雪の中にたちたる三千大千世界《みちあふち》またその中に沫雪《あはゆき》ぞ降る

という神秘的な歌もあります。

「般若心経」とご縁

良寛さんの書は、仏教や論語など道にかかわるものは端厳《たんげん》な細楷（細い楷書）、漢詩の楷書や自由奔放な草書、和歌などの万葉仮名による連綿体、また手紙などのさりげない文字、それぞれに深い味わいがあり、見飽きることがありません。それらの書から良寛さんの人格がじかに伝わってきます。

六曲の屏風《びょうぶ》に仕立てられた草書の漢詩など、文字が読めなくても、音楽のようにその響きが伝わってきます。それはまさに見る音楽、作詞・作曲・演奏が渾然一体となった総合芸術です。

良寛さんの素晴らしい「般若心経」の謹書があります。良寛さん特有の細楷で書かれており、大変読みやすい癖のない字です。

白光真宏会前理事長の故瀬木庸介氏より、その経本《きょうほん》仕立ての複製が市販されていて、それを手本に書の練習をされたというお話を伺って、私も探して購入いたしました。

すると、その書の後に、独特の太い楷書の跋文《ばつぶん》が付いており、最後に泥舟の署名がありました。ひょっとして高橋泥舟《でいしゅう》のことではないかと思い調べましたら、やはりそうでした。

高橋泥舟は勝海舟、山岡鉄舟とともに三舟と言われ、幼名謙三郎、のちに伊勢守政晃《まさあき》、槍の名人で、鉄舟の義兄です。最後の将軍、徳川慶喜《よしのぶ》の警護責任者を勤め、三十六歳の時、慶喜公と共に隠退し、再び世に出ることはありませんでした。

私の愛読書、子母澤寛《かん》の小説『逃げ水』の主人公である高橋謙三郎、即ち泥舟が新潟までやって来て、まだそれほど世に知られていなかった良寛の書を見て感激し、跋文を書いていたとは、嬉しい驚きでした。この世には、魂が共鳴して自然に引き寄せられるということが、確かにあるようです。

なお後日、私は瀬木氏の良寛関係の書籍など数点を遺品として、奥様より贈られましたが、これもご縁と思い大切にしています。

東洋的理想の体現者

良寛さんは、若き日に大森子陽先生の下で学んだ論語の言葉が深く心身にしみこんでいたのでしょう、後年、その抄句を数多く清書しています。

その最初に書かれているのが、

「子曰《しいわ》く、仁《じん》に里《お》るを美《び》と為《な》す。擇《えら》んで仁に居《お》らずんば、焉《いずく》んぞ知を行わん」です。

「仁《じん》に里《お》るを美《び》と為《な》す」とは、良寛その人を表わしているような言葉です。良寛さんは「仁に居《お》る」ために、出家の道を択《えら》んだのではないか、そんな気がしてきます。

良寛さんは仏教だけでなく、儒教や老荘の道にも通じており、東洋的理想の体現者であると言うことが出来ます。

また良寛さんほど日本人的な日本人はいなくて、私たち日本人の原型のような人ですし、それはそのまま、真の国際人としても通用します。現にヨーロッパにおける書の展示などを通して、良寛さんの国際的な評価は高まりつつあります。

私は、中国や韓国で講演する機会を得た時に、五井先生、昌美先生の教えや、祈りによる世界平和運動とともに、良寛さんについてもお話しいたしましたが、よく理解していただけたようです。良寛さんのような人格は、世界中どこでも、そのまま受け入れられ、通用すると思います。

災難に逢ふ時節には逢ふがよく候

「是《これ》はあたりの人に候《そうろう》。夫《おっと》は他国へ穴ほりに行きしが、如何《いかが》致し候やら去冬は帰らず、こどもを多くもち候得《え》ども、まだ十より下なり。此《こ》の春は村々を乞食《こつじき》し而其《てそ》の日を送り候。

何ぞあたへて渡世《とせい》の助《たすけ》にもいたさせんとおもへども、貧窮《ひんきゅう》の僧なれば、いたしかたもなし、なになりと少々此《こ》の者に御《お》あたへ下さるべく候。

正月四日」

夫が他国へ穴ほり（鉱山の仕事か）の出稼ぎに行ったまま帰らず、幼い子どもを多く抱えて生活に困っているこの女性に、何か与えてやって欲しいと、解良叔問《けらしゅくもん》宛に書いた紹介状です。叔問は餅《もち》を多く贈ったということです。

「地震は信《まこと》に大変に候。野僧《やそう》草庵は何事なく候。親《しん》るい中死人もなくめで度存《たくぞん》じ候。

うちつけに死なば死なずて永《なが》らへて
か ゝる憂き目を見るがわびしさ

しかし災難に逢ふ時節には災難に逢ふがよく候。死ぬ時節には死ぬがよく候。是《これ》はこれ災難をのがる ゝ妙法《みょうほう》にて候。

かしこ

良寛

臘八《ろうはち》（十二月八日）

山田杜皐老《とこう》　与板

」

良寛さんの晩年、文政十一年(一八二八年)十一月十二日、三条を中心に大地震があり、死者千六百人、負傷者千四百人をこえ、良寛さんの親しい友、山田杜皐の住む与板にも大きな被害がありました。

この手紙は良寛さんの災難に対する受け止め方、死生観を述べたものとしてよく知られています。五井先生の「消えてゆく姿」の教えに通じる真理の言葉であると思います。

「戒語《かいご》」と「愛語《あいご》」

『仏説遺教云《ぶっせつゆいきょうにいう》』の第一に「口を守る」を上げた良寛さんは、人間の行為《モラル》の原点を言語活動に見ていたようです。

僧でありながらおよそ人に説教をすることのなかった良寛さんが、人に頼まれると、「戒語」と題して、こういう言葉遣いはしないようにと箇条書きにして与えたものがかなり残っています。その内容は、相手によって違いますが、ことばの多き、口のはやき、さしでぐち、手柄ばなし、人の物言ひきらぬうちにものいふ、酒に酔いてことわりをいふ…など大変具体的で、身につまされるものもあります。

良寛さん自身は人々に愛の言葉を施すことを心がけました。良寛さんが道元禅師の『正法眼蔵』より、「愛語」という菩薩行を説いた一節を抜き書きした謹書が残っています。

「　愛　語

愛語ト云ハ衆生ヲ見ルニマヅ慈愛ノ心ヲオコシ顧《コ》愛ノ言語ヲホドコスナリ。……怨敵ヲ降伏シ君子ヲ和睦ナラシムルコト愛語ヲ本トスルナリ。……愛語ヨク廻天ノ力《チカ》ラアルコトヲ学スベキナリ。……

沙門良寛謹書」

良寛さんは、愛の言葉こそが天をも動かす、すなわち世界を根本から変えることが出来ると信じていました。

良寛さんのいう「戒語《かいご》」と「愛語《あいご》」という実践行は、私たちの実践している、否定的な言葉は使わず、愛のある光明の言葉のみを使うという「光明思想徹底行」にぴたりと重なります。

昌美先生のおっしゃる

「人類の未来は、私たち一人一人の発する言葉によって創られてゆく。来《きた》るべき平和世界とは、美しい言葉のみが語られる世界である。

二十一世紀の人類の生き方とは、個人として自立し、自らの言葉に責任を持ち、高次元意識レベルの言葉を発することによって、人類の進化創造に貢献してゆくことである」

という生き方を、独《ひと》りで実践していたのが良寛さんであった、と私は思います。

良寛さんほど個に徹して生きた人はいません。「常独処」とは、その象徴的な表現です。

昌美先生は、自らの生命エネルギーを正しい方向に用いるには、「そのことのためなら、他のことをすべて捨ててもよい！」と思えるような、強い目的を持つことが必要である、とおっしゃっています。

良寛さんの一生は、人間とは何か、人間の真実の生き方とは何か、という宗教本来の目的に心を定めて揺れ動くことがありません。自らがその本道を歩んでいるという確信と自覚の故に、枝葉《えだは》の違いを超えてあらゆる宗教を受け容れ、さらには宗教をも超えた素《す》の人間、人格として、自由自在に生きることが出来たのだと思います。

以上、見てまいりましたように、良寛さんの生き方は、現代の私たちが実践している五井先生、昌美先生の教えの中に生きています。良寛さんのみならず、常不軽菩薩や釈尊、法然、親鸞、道元さんの生き方も生き生きと生きています。

良寛さんが独《ひと》りでなさってきたことを、個人として、団体として、また世界的な運動として実践しているのが、私たちであると思います。

〈参考文献〉

五井昌久著『神への郷愁』『日本の心』『生きている念仏』（白光出版）

『良寛全集』上下巻、東郷豊治著『新修良寛』（東京創元社）

その他、先人方の著作を参考にさせていただきました。

（「白光」二〇〇五年十一月号・十二月号）

すべては生きていてつながっている

原三渓のこと

三渓園、原三渓との出会い

私たちは自己の内なる必然性に促されて、それぞれの道を求め、選択し、実践してまいりました。その時々において、よかれと思い、選択し、実践してきたことは、体験として必要であったのだと、今にして思います。

私は十年間の会社勤めを経て、三十四歳のときに白光真宏会の職員にしていただき、編集部で働くことになり、その編集部の先輩に誘われて俳句を始めました。「青」という関西を中心とする結社でしたが、主宰者の波多野爽波先生の指導は心から納得のいくもので、休日には仲間と吟行《ぎんこう》に行き句会を行ない、その句稿を先生に送って選と指導を頂き、その中から毎月七句を投句し、雑詠欄に何句採られるかさらに選を受ける、というやり方で、約七年間、かなり真剣に俳句に打ち込みました。そのうちに宇宙子科学統一セミナーの訓練が始まり、俳句に割《さ》く時間がなくなって投句を止め、さらに先生も亡くなられて、句作からも遠ざかりましたが、俳句を通じて得たものは大きなものがあります。

さまざまなところへ吟行に行ったことから、環境問題に対する認識が深まったこともその一つです。また旧仮名遣いが自然に身に付いて、古文に対する抵抗感がなくなり、日本文化全般についての理解も深まったように思います。

横浜本牧にある三溪園を最初に訪れたのも、俳句の吟行のためであったと思います。そして、そのさまざまに配された古建築と自然が渾然《こんぜん》一体となった典雅なたたずまいにすっかり魅了され、この景色は京都のそれに優るとも劣らないと思いました。

その後も折に触れて、一人で、あるいは家族で訪れましたが、何時来ても、三溪園はその季節にふさわしい風情で私たちを迎えてくれました。

そして、このような名園を造った原三溪とは何者か、明治三十年代に三溪園の造営を始めた当初から市民に開放していたという、その広い心と人物に興味を持ちました。

ちょうどその頃、雑誌『太陽』の「日本経済を築いた数寄者《すきしゃ》たち」という特集号で、明治、大正、昭和と日本の近代化を担った事業や会社を興した創業者たちの多くが茶を嗜《たしな》み、盛んに茶会を行なっていたことを知りました。それはあたかも戦国期の武将たちが茶の湯を好んだことを思わせ、彼らは自らの事業と精神のバランスをとるために、お茶を必要としたのだと思います。

それらの人々の中でも、私は鈍翁《どんのう》益田孝（一八四八〜一九三八）、三溪《さんけい》原富太郎（一八六八〜一九三九）、耳庵《じあん》松永安左ヱ門《やすざえもん》（一八七五〜一九七一）の三人に心ひかれるものがあり、次々と彼らの伝記を読みました。益田は三井物産の創始者で三井財閥の組織者、そしてお茶の世界の中心者でした。原は生糸の貿易を主に、生糸の問屋、生糸を作る製糸の三業を兼ねる原合名会社の社長。松永は電力事業で「鬼」と言われ、戦後の電力再編で豪腕を揮《ふる》った人として知られています。この三人はそれぞれにかなり年齢の開きがありますが、茶人としてお互いに尊敬する親しい友でした。

三溪原富太郎は慶応四年（明治元年）美濃国（岐阜県）厚見郡下佐波村の旧家、青木家の長

男として生まれました。明治十六年大垣の野村藤陰の鶏鳴塾に入門。藤陰は為人《ひととなり》温厚寡黙、人をして自ずから敬《うやま》わせて、狎《な》れさせなかったと言われ、富太郎はその感化を深く受けたようです。明治二十二年東京専門学校（早稲田大学）を卒業。明治二十四年、横浜の商人、原善三郎の養子となり孫娘やすと結婚。善三郎は武州（埼玉県）児玉郡渡瀬《わたらせ》村の地主の長男に生まれ、横浜に出て、生糸貿易で成功した富商でした。富太郎はその家督と事業を嗣《つ》ぐと、原商店を合名会社組織とし、人事を刷新、経営を合理化して、さらに発展させました。

実業家、数寄者、芸術家のパトロン

原が三溪園と名づけて外苑部分の造営を始めたのは明治三十三、四年頃で、三十九年には早くも公開、一般に開放しています。彼は半生を通じて横浜という地域社会の一員に徹し、地域のために裨益《ひえき》したいという念が強く、三溪園の土地は自分の所有に違いないが、その明眉なる自然の風景は別に造物主の領域に属し、私有すべきものではなく、近隣の人々と共に享受し楽しむべきものと考えたからでした。私邸の庭としての性格を持つ内苑の造営はその後で、内苑の主建築物である臨春閣が完成したのは大正六年でした。

原の庭園造りは、世の権力者や富豪のそれとは異なっていました。彼はまず、自ら構想を練りに練り、庭園に配置すべき古い建築を各地に訪ね歩いて探し求め、購《あがな》って解体、移送し、池を穿《うが》ち、山を削り、滝を落とし、植えるべき樹木や草花は一木一草に至るまで自ら選びました。三溪は言葉の完《まった》き意味において三溪園を造りました。三溪園そのものが彼の作品であり、彼の世界、宇宙の表現であると言うことが出来ます。

原は実業家としても自分の会社だけではなく、つねに地元横浜という地域社会や経済界のことを考えて行動しました。

生糸は戦前の日本の輸出の主力でした。第一次世界大戦の勃発により生糸の輸出が激減し、滞貨が増大、市価が暴落して苦境に陥った蚕糸業を救済するために帝国蚕糸株式会社が誕生したとき、原は推されて社長を引き受けています。

第一次大戦終息後、日本は空前の好景気に酔いましたが、大正九年（一九二〇）生糸の暴落を皮切りに不況に転落、株式が大暴落して、戦後恐慌が発生した時も、原は求められて、七十四銀行の整理、再建という難事業に当たっています。

大正十二年（一九二三）九月一日、関東大震災が起こり、横浜は甚大なる被害を蒙りました。十九日、桜木町駅前の市役所仮庁舎に市長、知事初め関係代表二百余名が集まって、横浜市復興会会長に原を選出。渡邊市長は三溪園を訪れ、原に会長受諾を懇請しました。家族は原の健康を思って辞退を願い、原合名の社員の中には、社長は業界や市のためにばかり働いていて、自分たちの会社はどうなるのか、と思う者もありましたが、原は会長を引き受けました。

「何事も人の争ってなさんとするところは、余はこれに手を染むるの要なし。責任重くして功少く、人の逡巡する場合に於て、自己の利害得失を顧みず、敢然其事に当らざるべからず」原が「随感録」で述べているところの信念に従ったのだと思います。

鈍翁益田孝はその自伝で「原は美術もえらいが、事業はそれ以上にえらい。そのえらさは到底書き尽くせない」と述べています。

原三溪が日本美術院の横山大観、下村観山の大家をはじめ、安田靫彦《ゆきひこ》、小林古径、前田青邨《せいそん》、速水御舟《ぎょしゅう》など若手の画家たちのパトロンになったのは岡倉天心の要請によるものでしたが、三溪自身若いときから書画に親しみ、自らも絵を描きました。三溪は若い画家たちと共に所蔵の古画を鑑賞し、夜を徹して画論を交わしたそうです。

前田青邨は三溪の没後、「われわれ画人には、原さんの他の偉さはちっともわからないが、芸術の分野だけについていっても、あれほどの大芸術家は当今は無論のこと、今後といえども恐らく一寸出ないだろうと思う」と語っています。

三溪園浄土飯茶事

三溪の晩年、昭和十二年八月六日、長男善一郎が脳溢血で急逝します。四十六歳でした。三溪の悲嘆はいかばかりであったでしょう。しかしその悲嘆を面に表わすことはありませんでした。

同八月十八日午前五時より、鈍翁、耳庵ほか一名を招いて、三溪園で蓮の実飯、浄土飯を供する茶事が行なわれました。一同、着座すると、まだ明けやらぬ仄暗さの中で、青い蓮の葉に、夢のように浮かんだ紅蓮の花弁が敷かれた上に、白い「香飯」を盛って供され、その見事さに一同嘆声しきり、しばしは箸もつけずに見とれているばかりでした。この朝茶で、三溪は一語も善一郎の急逝について語りませんでしたが、道具の選び方やその配置や銘に、三溪の慟哭はおのずから漏れていて、客はそれを聞きました。聞いて、三溪を心からいたわり、しかも彼らは一言も言いませんでした。

私は今から二十数年前、家族で箱根へ行った時、強羅《ごうら》公園の一画にある白雲洞を訪れたことがあります。この白雲洞はもともと益田鈍翁の別荘であったものを、「絶対無償」を条件に三渓に贈ったものです。三渓はこの別荘を終生愛用し、彼の没後は、遺族によって松永耳庵に贈られました。つまり、白雲洞は私の尊敬する三人の茶人ゆかりの地であったのです。私はそのことを想い、彼らの精神的な後継者たらんと白雲洞で祈ったことをはっきり覚えています。私はお茶をやらないし、財力もないけれど、心は広く、美に対する豊かな感受性を持って生きようと祈ったのであります。

三渓先生のお導き

そして最近、私の知人のAさんが原三渓の子孫のお一人で、曾孫に当たることを知り、私がかねてより三渓園を愛し、原三渓を心より尊敬する熱烈なファンであることをお話しいたしましたら、大変喜んでくださり、私たち夫婦を三渓園に隣接する隣花苑にご招待くださり、三渓園をご案内くださることになりました。

二月十八日当日、朝から冷たい雨が降っておりました。昼前に着いて、田舎家の戸をあけて土間へ入りますと、Aさんとそのご兄妹《きょうだい》のMさんご夫妻、Nさんご夫妻がお迎えくださいました。この隣花苑は、三渓翁が伊豆にあった室町期の古い農家を移築されたもので、現在は子孫の方が経営されていて、三渓麺《そば》などを供されています。

ご案内いただいた部屋の私たちの席からは、三渓園の三重塔《さんじゅうのとう》が遠く雨に煙って見えます。いろいろお話をうかがい、三渓翁が創案されたという中華風の麺《そば》を頂きました。やがて大きな囲炉裏のある板敷きの居間に移り、お茶を頂きました。土間の大きな甕に桃の花がたくさん活けられ、居間には古びた雛人形が飾られています。その背後の小さな金屏風には緑青をたっぷりと使って見事な柳の絵が描かれていましたが、前田青邨画伯の作とのことでした。

ちょうど雨が上がって、三渓園にご案内いただき、最初に訪れたのは、三渓翁が家族のために建てた住居、鶴翔閣でした。この建物は近年整備、復原されて公開されるようになったもので、私は初めてでした。三渓園は現在、財団法人三渓園保勝会が管理運営していますが、特別にご案内くださることになったK氏は三渓先生を心から尊敬し、三渓園のことなら何でも知っている生き字引のような方で、Mさん方とは旧知の間柄のようでした。

鶴翔閣は装飾がほとんどなく簡素な造りですが、全体に大きく、丁寧に造られています。玄関を入ってすぐの広間は、壁の天井に近い上部に鉤が沢山付いていて、ここに画を掛けて、三渓は画家たちと共に鑑賞し、学び、夜を徹して画論を交わしたそうです。

廊下に接して石造りの蔵があり、かつては多くの美術品や道具類が収蔵されていました。廊下の奥の客間棟は両側が庭に面した明るい座敷で、ここで靫彦、古径、青邨など気鋭の画家たちが机を並べて創作に励んでいたことを思うと、近代日本美術発祥の聖地のような気がしてまいりました。

家族のための茶の間棟の廊下に座ると、庭の向こうに三重塔が美しい姿を見せていて、すべてが実によく考えて配置されていることがわかります。

畳敷きの広い楽室棟は長いテーブルとゆったりした椅子がたくさん並んでいて、訪れた人々は誰でも画や美術品を閲覧、鑑賞できたそうです。毎日、多くの人々がこの鶴翔閣に出入りしていて、初めて訪れた共産党初代委員長の堺利彦は公民館のようだと思い、帰る時には「原家万歳！」と叫んだと記録にあるとは、K氏のお話でした。

三溪翁は無料で公開しているからといって決してぞんざいであってはならないとし、園内の便所などはことのほかきれいで、鶴翔閣には明治の頃から水洗便所があったというから驚きです。

次に三溪夫妻の隠居所として建てられた数奇屋造の白雲邸をご案内いただきました。ここは非公開で、いつも門越しに「白雲邸」という耳庵の筆になる扁額を横目に見て通り過ぎていたのに、今回特別に拝見できるのは、三溪翁ゆかりの皆さんのお蔭です。

座敷の長押《なげし》には「白雲長従君」の三溪自筆の扁額が掲げられています。書院の窓に面した造り付けの机は三溪翁自らのデザインになるもので、そこにも座らせていただきました。白雲邸の縁側からも庭越しに三重塔がよく見え、外苑の三重塔が三溪園全体の景色の要になっていることがわかります。

洋間の食堂兼談話室では三溪園グループと呼ばれた画家や学者たちがよく美術論を交わしたそうです。

「白雲邸」の扁額の揮毫を松永安左ェ門翁にお願いし、出来たとの連絡があって、K氏が頂きに上がり、御礼を差し出すと、「三溪先生のために書かせていただけるだけで有り難い」

と言って決して受け取られなかったそうです。松永耳庵の三渓を尊敬すること極めて篤く、いつも「三渓先生」の敬称をもってしまいました。

昭和二十八年、財団法人三渓園保勝会が設立され横浜市長が理事長に就任、関係者が集まり修復工事の地鎮祭が行なわれた時、式の半ばに、にわかに耳庵松永安左ェ門が駆けつけ、「修復には、絶対に三渓先生在りし日のお考えに基づき、一切変改を加えていただいてはなりません」と挨拶し、半ば遊園地のようなものにしたら如何、との迷いもあった保勝会の方針は、耳庵のこの一言によって堅固に確立された、とは白崎秀雄『三渓 原富太郎』に記すところです。

白雲邸のあと、K氏の案内で内苑の主建築物である重要文化財の臨春閣を外から拝見しましたが、いつ来てもその優雅な美しさに感動いたします。

さらに山道を登りつつ月華殿、金毛窟、天授院を拝見し、今度は下りつつ聴秋閣、春草《しゅんそう》盧《ろ》、蓮華院の各茶室をK氏のお話を聞きながら拝見いたしました。これらの古建築はそれぞれの歴史を経て、今ここに在るわけですが、臨春閣を含むいくつかの建築物は三渓園に移築されなかったならば、前《さき》の戦争の空襲で焼失していたというお話をうかがって、建築物にも人間と同じように運命とご縁というものがあることを思いました。

雨上がりの三渓園はことのほか美しく、暮れなずむ水色の空はどこか海が近いことを思わせます。私たちは三渓翁ゆかりの方々に最高のおもてなしを頂き、夢のように楽しい一日を過ごさせていただきました。

私たちは厚く御礼を申し上げ三渓園を後に致しましたが、ここに至るまでのすべての背後に三渓先生ご自身の大きな愛が働いていることを私は強く感じていました。

その後、四月十四日、私は藤岡集会に招かれて参りました。

新幹線で高崎駅に十一時頃着きますと、Oさんほか七名の方が出迎えてくださいました。Oさんが「急に天気がよくなったので、景色のよいところでお昼を頂くことにしましょう」とおっしゃって、車に乗せていただき、ドライブして着いたところが、何と埼玉県神川町（旧渡瀬村）の神流川《かんらがわ》沿いにある原家の天神山庭園だったのです。ちょうど花の季節の四月だけ公開されているということでした。

神流川の両岸は大きな岩の崖で松などが生え、蛇行する川は淵や浅瀬をなして砂浜もあり、まさに日本画の世界です。これ以上開発が進まないように、原家では対岸の土地も購入され、保護されているということでした。

桜の盛りが過ぎていましたので見物客は少なく、いろいろな花がたくさん咲いていました。やがてお寿司が届けられて、四阿《あずまや》で歓談しながら頂きましたが、桜の落花がしきりでした。

このようにして、また夢のように楽しいひと時を過ごさせていただいたのですが、改めて、三溪先生のお導きとお計らいに感謝した次第です。

心の王国――すべては生きていてつながっている

三溪原富太郎は実業家、数寄者、芸術家のパトロンとして傑出した人物でしたが、それらのすべてを包含した人格として、無私の人であり、誠の人でした。このような人物が今から遠くない時代に生きていたことを思うと、嬉しく、そして、心が自由になります。

私はこのたびの一連の出来事を通して、私たちの祈りは必ず聞かれる。私たちの心の内と外部世界はつながっていて、私たちの内面生活はある時間経過を経て客観化し、現実世界に現われる。そこに守護の神霊のお働きがあるし、神々の応援もある。また、すでに世にはいない人、歴史上の人物でも、その人のことを真に思えば交流することが出来る。すべてが生きていてつながっている。死者も生きている。歴史的時間の中でも生きているし、時間を超えた世界にも生きていて、私たちと自由に交流することが出来るという確信を得ました。このように考えると、自分の過去世がどうのこうのというとらわれからも解放されます。

わが心の王国には、五井先生はもちろん、老子も、一遍上人も、良寛さんも、ブリューゲルやフェルメールのような芸術家も、リルケのような詩人も、そして三渓先生もまた生きていて、必要な時には何時でも交流することが出来る。このように考えると、生きることが楽しく、自由になります。

無限なる喜び、無限なる自由

世界人類が平和でありますように

〈参考文献〉

白崎秀雄『三渓　原富太郎』（新潮社）

（「白光」二〇〇七年七月号）

自らを信ずる生き方

五井先生、昌美先生の教えを貫くもの

人間と真実の生き方

五井先生、昌美先生の説かれる教えは、「私を信ずれば、救ってあげますよ。白光真宏会に入会すれば、救われますよ」という教えではありません。真理とは、こうですよ。だから、こうすれば、個人も人類も真の救いを体得できますよ、という教えであります。これは一貫して変わりません。

「人間と真実の生き方」そのものが、そういう構造になっています。

まずタイトルの「人間と真実の生き方」は、「人間とは本来こうなんですよ。だから、

人間の真実の生き方はこうですよ」という意味です。

その本文は、三つの段落があり、三つの部分から構成されています。

第一段の
「人間は本来、神の分霊であって、業生ではなく、つねに守護霊、守護神によって守られているものである」は、本体論です。

では、人間が神の分霊であって、専属の守護霊、守護神によって守られているのに、何故に、苦悩があるのか述べている
「この世のなかのすべての苦悩は、人間の過去世から現在にいたる誤てる想念が、その運命と現われて消えてゆく時に起る姿である」という第二段は、現象論です。

この本体論と現象論に基づいて、人間はいかに生きるべきか述べている第三段は、方法論（メソッド）です。

「いかなる苦悩といえど現われれば必ず消えるものであるから、消え去るのであるという強い信念と、今からよくなるのであるという善念を起し、どんな困難のなかにあっても、自分を赦し人を赦し、自分を愛し人を愛す、愛と真と赦しの言行をなしつづけてゆくとと

もに、守護霊、守護神への感謝の心をつねに想い、世界平和の祈りを祈りつづけてゆけば、個人も人類も真の救いを体得出来るものである。」

五井先生はこの方法論を易しく要約して、私たち人間が生きてゆく上で起ってくるすべてのことを消えてゆく姿と観て、世界平和の祈りのなかに投げ入れてゆきなさいと、「消えてゆく姿で世界平和の祈り」の生き方を説かれました。そうすることによって、自己や人類の過去世からの過てる想念がどんどん浄化されるとともに、善なる徳をどんどん積むことになり、私たちの運命が急速に改善され、宗教の根本目的である安心立命した生き方が自然に出来るようになると説かれたのであります。

世界平和の祈り

世界人類が平和でありますように
日本が平和でありますように
私達の天命が完うされますように

守護霊様ありがとうございます
守護神様ありがとうございます

という「世界平和の祈り」は、「この祈りは五井先生と神界との約束事で、この祈りをするところに必ず救世の大光明が輝き、自分が救われるとともに、世界人類の光明化、大調和に絶大なる力を発揮するのです」という、個人人類同時成道の祈りであり、守護の神霊への感謝行の祈りでもあります。

「人間と真実の生き方」、即ち、「消えてゆく姿で世界平和の祈り」を日々、実践していると、守護の神霊との一体感が深まり、自らが神の分霊であるという自覚が深まってきます。

つまり「自らを信ずる生き方」が自然に出来るようになってきます。

「消えてゆく姿で世界平和の祈り」という他力的易行道を行じていると、自然に、「我即神也」の真理がわかってくる。これが五井先生の教えの素晴らしいところであります。

そして五井先生の帰神（逝去）後、昌美先生は私たち人類に「我即神也」の真理、さらに「人類即神也」の真理を示されたのであります。

なお、五井先生は当初より、祈《いの》りの原義は生命《いのち》を宣《の》り出すことであって、願いごとではない、とおっしゃっていました。即ち、自らの生命が神から来ていることを自覚し、その生命を生き生きと発揮することが祈りなのであります。

五井先生の説かれる「人間と真実の生き方」と「世界平和の祈り」、昌美先生が示された「我即神也」の宣言文と印、「人類即神也」の宣言文と印、それらはいずれも、その真理と実践法を明確に示したものです。

このように五井先生、昌美先生の説かれる教えは、正しく理解し、自然に信じ、無理なく行なうことが出来る普遍的な真理の教えなのであります。

自分を信ずる生き方

「人間と真実の生き方」は『神と人間』で説かれている真理とその実践法のエッセンスである、ということが出来ます。

五井先生は『神と人間』において、「人間が普通、心は一つよりないと思っているようだが、心は、宇宙神の心から始まって直霊（人間界における神）の心、分霊の心、幽体界の心、肉体界の心、直霊と位を同じくする守護神の心、それに各個人個人に常に附き添っている守護霊の心との七つの心があるのである」と書いておられます。

また「内部の神性とは、常に守護霊、守護神を含めたものであることを忘れてはならない」とも書いておられます。

つまり、守護霊、守護神は自己の内部神性であり、真の自分であるということが出来るのであります。

だから、守護霊、守護神に祈り、お願いすることは、他に対する依頼心ではなく、自己を信じる生き方にほかなりません。この点を誤ってはなりません。

同じく五井先生、昌美先生を信ずることは、五井先生、昌美先生の説かれる真理を信ずることである。即ち、「人間は神の分霊である」という真理、「我即神也」「人類即神也」という真理を信ずることであり、結局は自分を信ずる生き方になるのであります。

このことを五井先生は「自分自身が創造主」という講話の中でわかり易く述べておられます。

「神を信じると言いますね。それよりも、自分自身を信じることが先なんですね。

だから、神様は完全円満であって、自分は神の子だから、素晴らしい能力がある、ということを信じることなんですよ。

自分で自分の力を信じられる人は、誰にも頼ることはない、自分一人で生きられるわけですよ。自分の中の神様を出せばいいんだからね。

結局、五井先生を信じるとか、宗教を信じるというのは、自分の中の力を出させるために、こういう宗教団体や何かがあるんですよね。

まず、根本は自分を信じることなんです。自分は神の子であって、無限の力を持っているんだということを信じることが第一なんだけれども、出来ないから先に力を出した人を信じる、その生きてきた道を信じる、その人の書いたもの、その人の言うことを信じて、ああ、そうなんだ、自分はやっぱり神の子なんだ、神の分け生命なんだな、とこう思うんです。」

実践を通して身に付く「我即神也」「人類即神也」の真理

私は、この自らを信ずる生き方は長年にわたる教えの実践の中から少ずつ身に付いてきたように思います。

私は一九六八年（昭和四十三年）に五井先生にお会いし、それ以来その教えを実践してまいりました。

また一九七八年（昭和五十三年）には白光真宏会の職員にしていただき、それ以来、白光誌の編集などに携わってまいりました。

一九八〇年（昭和五十五年）に五井先生が帰神（逝去）されて、昌美先生がその天命を継承されてから、五井先生は神界から昌美先生を通して、宇宙神のみ心として、次々と新しい真理とその実践法を降ろされ、私たち人類に示されるようになりました。

即ち、光明思想徹底行、地球世界感謝行、我即神也の宣言文と印、人類即神也の宣言文と印、宇宙神マンダラなどです。

そして、それらの真理が降ろされる前段階として、それぞれ実にさまざまなる神事や課題が神示として示され、多くの熱意あふれる会員の皆さんによって実践されてまいりました。その意味では、これらの真理は神界の五井先生と昌美先生と会員の皆さんが三位一体となって、この地上界に降ろしたものであるということが出来ます。

私はちょうどその時期に編集の現場におりましたので、毎日が緊張の連続でした。大体、年の初めから五月の大行事に向けて神事や課題に取り組むということが多かったように思います。そのための神事や課題が次々と示されます。それをいかに正確に、いかに早く、印刷物にして会員の皆さんに送付するかがポイントになります。白光誌の別冊にして一緒に送ることもあれば、単独に送ることもありました。

ある年の始め、ドイツのミュンヘンに滞在中の西園寺ご一家が新年祝賀祭のために帰国された折、職員を集めて、昌美先生からお話がありました。

「我は神なり、という自覚を深めることが大事です。そのため、職員は〝我は神なり〟とカードに書いて胸に付けるように」ということでした。その自分で書いたカードを名札ケースに入れて胸に付けましたが、自分が神であるということには、初めはかなり違和感というか抵抗感がありました。私たちは聖ヶ丘道場の事務棟でそれを胸に付けて仕事をしていましたが、道場に行く時には外しました。会員さんが見て真似をしてはいけないというわけです。しかし不思議なもので、付けているうちにだんだん抵抗感がなくなり、一週間でその試みを終える頃には、かなり自然に「我は神なり」と想えるようになっていました。

またある時、ミュンヘンからファックスで送られてきた法話の原稿をワープロで打ち直し、校正のためにミュンヘンの昌美先生に送り返すと、その法話の中ほどに、いきなり我即神也の宣言文の言葉が挿入されて返送されてまいりました。一九九四年（平成六年）四月号の法話「物質文明から精神文明へ――〝我即神也〟をイメージする」がそれです。

その時、その文章を挿入する理由も説明もありませんでした。神は私たちの心の動きをジーッと見ておられるのだと思います。

またある時、その宣言文を暗記するようにという課題もありました。すると、宣言文を手に持って読んでいる時には宣言文は自分と離れていますが、それを暗記して唱えるとその真理は自己と一体となり、自己の内部にあるように思えるから不思議です。

このようなさまざまなプロセスと実践を経て、「我即神也」という真理は私たち自身のものとなってきたように思います。

そして今や私たちは何の違和感もなく堂々と「我即神也」と宣言し印を組んでいます。また「人類即神也の印」を組み、さらに「呼吸法による人類即神也の印」を組んでいます。この呼吸法の印は究極の印と言われるもので、私たちは日々その印を組みながら、素晴らしさを実感しています。

私たちは新しい人々に真理とその実践法を伝えるとき、自らのプロセスを思い起こしながら、優しく、わかりやすくお伝えしたいものです。

五井先生は「世界平和の祈りは呼吸をするように祈ったらいい」とおっしゃっていましたが、世界平和の祈りと呼吸法による人類即神也の印は対になっているように思います。

自分自身を神と認めるほどの真摯で敬虔なる態度

昌美先生は「みなぎる自分自身への信頼感、自分自身を神と認めるほどの真摯で敬虔な態度こそが、すべてを引きつけてゆくのである」（「白光」二〇〇六年七月号「新しい世界への転換点」）とおっしゃっています。私たちはそのような敬虔なる心をもって、自らを信ずる生き方を行じていきたいと思います。

また西園寺由佳先生は、次のように書いておられます。

「昌美先生もおっしゃっていました。究極の呼吸法の印を組んでも、その奥にある原点を摑み取っていなければ、その印の力は最大限には発揮されないのだと。まずは消えてゆく姿で世界平和の祈りがあって、そして我即神也の印、人類即神也の印を経て、呼吸法の印も降りてきたのです。

その流れを何も知らずとも、自らの内にある神性と常につながっており、即、すべての真理を理解される方ももちろんいらっしゃると思いますが、普通はそのプロセスを飛び越えて真理を摑み取るのは難しいことです。ですから、原点を大切にし、その流れの中で進化創造していかなければならないのです。すべてのプロセスの中に内在する普遍の真理を私たち自身の中に取り込み、単なる形としてではなく、生かしていかなければならないのです。

進化創造することによって、私たちは原点のみ教えをより深く理解することが出来ます。そして、より深く原点を理解し、摑むことによって、また進化創造していくのです。このようなプロセスを経ながら、私たちは究極の姿を今生で、現わしていくのです。」（「白光」二〇〇七年六月号「成就のプロセス」）

私たちは螺旋形を描きながら進化向上をしていくと言われています。原点への回帰とさらなる進化向上は決して矛盾しません。むしろお互いに高め合い、強め合い、自他を巻き込んだダイナミックな運動となって進化創造してゆくものであると思います。

平澤興先生と三つの大事なこと

解剖学の世界的な権威で京都大学の総長をつとめられた平澤興先生（一九〇〇〜一九八九）は、人生には三つの大事なことがあるとして、

第一に、自らを信ずること。（自信）
第二に、自らを愛すること。（自愛）
第三に、自らを尊ぶこと。（自尊）

を挙げられました。

私たちは五井先生、昌美先生の教えを実践することによって、この三つの大事なことを自然にクリアーすることが出来るのであります。

私はこの平澤先生と不思議な縁を感じています。

私が一九六二年（昭和三十七年）に京都大学に入学したとき、平澤先生はまだ総長をされていて、入学式でその講話を聞いているのです。先生の総長在任と私の在学は二年弱重なっていますので、そのチョビ髭を生やした村夫子然としたお姿はよく覚えていますが、それだけのことで、先生については何も知りませんでした。当時は学生運動が盛んで、学内でも団交の席などで、平澤先生に対しても学生達が怒号を発するようなことがあったかも知れません。

この平澤先生が私と同郷の人であると知ったのは卒業してかなり経ってからのことでした。また先生についていろいろなことを知ったのは、さらに後のこの数年来のことです。そして平澤先生を知れば知るほど、このような素晴らしい方がいらしたのだという尊敬の念が深まり親しみを覚えます。こういう方を本物というのだと思います。

平澤先生は明治三十三年（一九〇〇年）十月、新潟県西蒲原郡味方村（現在は新潟市）に生まれました。先生は『山はむらさき』という自伝で「この村は、蒲原平野のまん中にあるので、風景がいいとか山河が美しいとか、取り立てていえるような特徴はなにもありませんでした。その特徴のないのが特徴というようなところで、たとえば、山というものなどは、会津国境の山々とか、日本海側の山々とかが、遠くはるかなかたに見えるだけでした。ですから、私たち子供は、山というのは、色はうす紫で、それも遠くぼんやりしているものだ、と思い込んでいました」と述べておられます。

私は昭和十八年（一九四三年）十月、同じ西蒲原郡の燕町（現在は燕市）に生まれましたが、まことに特徴のないのが特徴のようなところで、蒲原平野の向こうにうす紫に霞む弥彦山や国上山を眺めて育ちましたので、本当に「山はむらさき」という実感があります。先生の名が興で、私が興次であることにも何か親しみを覚えます。

平澤先生は科学者、教育者としてだけでなく、その人格やお人柄が大変魅力的な方で、『人間　その無限の可能性』という著書があるように、人間の無限なる可能性と幼時教育の重要性をいち早く説かれた思想家でもありました。

その思想の根本が先に挙げた、自らを信ずること、自らを愛すること、自らを尊ぶこと、即ち、自信・自愛・自尊ということです。

平澤先生は自分が一番影響を受けたのは親鸞聖人と良寛さまだとおっしゃっています。

平澤先生のあだなは「京のいなかびと」だったそうですが、先生は

「私は一口に申しますと、お人好しで、しかも働くことの好きな農民型の人間であります。お人好し、これを善意とか何かとか言わないで、特に〝お人好し〟と申しましたのには少しわけがあるのであります。善意などと申しますと、何だかそういうことを心がけて生きているようでありますが、そんな難しい意味ではなくて、いつも何となく喜んで生きており、少々悪口ぐらい言われても、やはり喜んでいるような人間、そんな意味で〝お人好し〟と申しているのです。

ところで、このお人好しは、実は私だけでなく、郷里の村全体にそういうふん囲気がありました。このふるさと全般のふん囲気がどこから来たのかということは、大変むつかしい問題で、なかなかそう簡単に言えないと思いますが、おそらく今から七百七十年ぐらい前の親鸞聖人の越後への島流しと大きな関係があるように思われます。仏を信じ、自然を信じ、人間を信じ合う親鸞聖人の教えが、長い間に人々の心を動かしたのであろうということは、あまり無理なく考えられることであり、……私の両親も祖母も、みな浄土真宗の熱心な信者であり、こう見てきますと、私のお人好しの元の元は、聖人の教えのようにも思われます」（『人間　その無限の可能性』）と述べておられます。

また先生は十七歳の夏休みに相馬御風の『大愚良寛』を読んで以来、良寛を生涯の師匠として全くそれに魅せられ生きてきた人間で、最も基本的な人生の在り方を習った点においては、良寛さまは私の最も優れた師匠さんの一人であると述べておられます。

先生のバカ正直で、自己に誠実な生き方は、その生涯においてさまざまな味わい深い逸話を残しています。

村に医者がいなくて困っているから医者になったらどうか、という父の勧めもあって、医学の道に進んだのですが、医学生として学んでいるうちに、自分の性格からいって医者には向いていない、解剖学という医学の基礎研究の道に進みたいと考えるようになりました。その旨、父親に伝えましたが、父親は頑として認めません。何度もの手紙のやり取りの末、最後に「よろしい。よくわかった。研究するからには覚悟をきめてやれ。金はもう送らんから」ということで、やっと認めてくれました。その結果、仕送りが全く無くなった平澤青年は働きながら学ぶことになりますが、『「父の断固たる処置」、しかも最終的に私の大学での研究を許可しての上でのこの態度、このことについては、私は今になってしみじみと、「父はやはり偉かった」と感謝しておるのであります』と述べておられます。(同

書）

このお話からもうかがわれる、この当時の日本人の志と自らを持するモラルの高さには驚かされます。

その他にも、見合した奥様に自分と結婚すると一生貧乏で苦労するからやめたほうがいいと二メートルもの巻紙の手紙を書いた話や、医学部の助手時代、助教授になるように何回も強く推されながら、まだその実力がないとその度に固辞し、最後に教授の命令でやむを得ず助教授になった話など、さまざまなエピソードがありますが、このような平澤先生の生き方は、良寛の大愚の生き方に通じるものがあると思います。

若き日の良寛への強い憧れや伝記好きで若い人々にいろいろな伝記を読むことを勧めておられるところなど、平澤先生と五井先生は大変共通しています。

科学と信仰

平澤先生は優れた科学者でありながら、深い信仰心と豊かな情操を備えた方でした。科学と信仰について次のように書いておられます。

「私の進んだ道は、いわゆる科学の道でしたので、信仰そのものとは直結してはおりません。しかし、科学が『知』によって進められるものとすれば、信仰は、発生的にはそれよりもっと古く、かつ、基礎的な『情』にもとづいて進められるもので、科学と信仰とは、立っている基盤がちがうのですが、いずれもまことに大切なものです。

しかし、世間には、しばしば大きな誤解があり、『知』の方が高くて、『情』の方が低いみたいに考えられておりますが、決してそうではなく、生物進化の過程からみれば、生物としてはむしろ、『情』の方が先で、『知』が後なのです。人間でも、『情』の方が基礎的で、『知』は、『情』的安定の上にあってこそ、はじめて人間全体として落つきがもてるのです。『知』だけ進んで、『情』的安定がないような文化は、不安定な文化となり、ノイローゼ的なものになってしまいます。

現代は、ただ日本だけでなく、世界的にそういう傾向がありますが、これは決して人類にとって、望ましい文化ではありません。」(同書)

また、次のように述べておられます。

「とらわれない心で、真に勉強すれば、人間は勉強すればするほど、いよいよ自らの愚かさを感ずるものであります。勉強して賢くなるような行き方は、若い者には結構でありますが、真に学問を愛するとか、生涯学問に身を捧げようというような人には、決して好ましいことではなく、実際学問をして到達した感じは賢くなったなどという感じではなく、呼吸して大きくされつつある大自然の不思議さと、これに対するささやかな自己の姿であり、同時にこのささやかな自己も、実は大宇宙に劣らぬ重さがあるというような感じかと思われます。勉強により、研究により、賢くなるどころか、いよいよもってわれわれは自らの愚かさを知らされ、大宇宙の測り難き霊妙不可思議さを知らされるのであります。しかし面白いことに、この愚かさの自覚は決して否定的なものではなく、自らの愚かさを知るが故にいよいよあらゆるものに興味と感動を持つ肯定的なものとなり、謙虚ではあるが、大宇宙の重さにも劣らぬ重さを自己に感ぜしめるに至るものであります。」(同書)

このようなお話と考え方は、遺伝子工学の権威である村上和雄先生の遺伝子とサムシング・グレートのお話に通じるものがあると思いました。

そして、あることから、平澤先生と村上先生は実は深いご縁のあることを知りました。平澤先生の著書を何冊も送ってくれた故郷にいる従弟《いとこ》から、今度、味方村の曽我・平澤記念館で村上先生の講演会が開かれることになったと電話がありました。何故、味方村なのだろうと思い、五井平和財団の理事会に出席された村上先生に伺ったところ、村上先生が平澤先生を大変尊敬しておられることや、個人的にも大変お世話になったこと、村上先生が初めて著書を書いて世に問うた時その序文を書いてくださったのも平澤先生であったこと、その感謝の気持をこめて平澤先生の故郷である味方村で講演会をされるということなどを知りました。

ある講演会で村上先生は、自分は平澤先生のメッセンジャーであると話しておられたそうです。

五井先生は「自分を赦し人を赦し、自分を愛し人を愛し」とまず自分を大事にすることを説かれましたが、平澤先生も、自分を信じ、自分を愛し、自分を尊ぶ、自信・自愛・自尊を説かれました。そのような考えから、約束についても、自分が自分に約束したことを守ることが大事であるとして、自ら全力を尽くして実践された方でした。また教育についても、自己教育こそが真の教育であるという考えを持っておられました。

私たちは結局、自分が目指した通りの存在になるのであると思います。それを決めるのは自分自身です。
人間は本来、神の分霊であって、「我即神也」「人類即神也」そのものの存在です。私たちは自分を甘やかすことなく、昌美先生がおっしゃるように、みなぎる自分自身への信頼感、自分自身を神と認めるほどの真摯で敬虔な態度で、自らを信ずる生き方を実践していきたいと思います。

（二〇〇八年三月）

〈参考文献〉
平澤　興著『人間 その無限の可能性』（上・下）
『山はむらさき』
（いずれも新潟日報事業社）

折にふれて

真の芸術家

白光誌先月号の出張校正の終わった日に、編集スタッフと共に会員の二紀和太留《ふきわたる》さん・平松輝子さんご夫妻の「終戦五〇周年記念展」（コート・ギャラリー国立、八月十五日〜二十日）に参りました。

初対面の私たちをにこやかに迎えてくださった二紀さんは、まず「戦争の悲しみ」と題された二階の展示室にご案内くださり、大作「海戦記（大和に捧ぐ）」など、具象と抽象の中間のスタイルの作品群を一点一点丁寧に説明してくださいました。

先の戦争で二紀さんは海軍に志願し、戦艦榛名《はるな》に乗艦。緒戦マリアナ沖海戦で生き地獄を見、いよいよ死を覚悟したレイテでは栗田艦隊謎の反転で生還。戦後、二紀さんはひたすら亡くなった戦友達の鎮魂のための絵を描きつづけてこられたのです。

そして、一階の「平和の祈り」と題された展示室に足を踏み入れた途端、私たちは、うわーと思わず叫んでしまいました。そこには最近の作品を中心にたくさんの抽象画が展示されていましたが、それらの絵はまさに天国あるいは神界のひびきを表わしたもので、その部屋には愛と平和の祈りが満ち充ちていたからです。

二紀さんは絵を画く前に戦友たちのことを想い、十分位涙が止まらないそうですが、「絵を描《か》くのが楽しくて楽しくて……」とおっしゃっていたのが印象的でした。戦後五十年、戦友達は文字通り二紀さんの画業を通して浄められ、昇天していったのだと思います。

一方、平松さんの作品は金紙や銀紙に墨で描いた大自然の水、火、樹等の根源的波動の絵と、大きな和紙に刷毛《はけ》で書いた墨の画で構成された〝ギリシャの神殿〟で、共に日本人離れしたスケールの大きい作品でした。そして、水の波動の絵はまさに巨大なる龍神がそこに存在している、火の波動の絵はそこに原初の火が燃え盛っている、と感じました。

お二人とも日本抽象画の先駆者、坂田一男の弟子として、「画家は無位無冠であって権力を求めず、真実の創造こそ芸術の目的である」という師の教えを忠実に守ってこられたそうです。真の芸術家とは、大いなるものに使われる媒体、あるいは大いなる存在《もの》がそれを通して顕れようとする媒体であると改めて思いました。

（「白光」一九九五年十月号後記）

長崎港ターミナルビル

昌美先生は巻頭言で、日本に真理が広まり、真の夜明けが訪れる年となったと書いておられます。それは同時に、人類の夜明けの幕が開いたことをも意味しています。昌美先生のお言葉を受けて、私たちは今年もまた、人類のために、世界各国の人々の平和と幸せのために、ますます祈りつづけてまいりたいと思います。

錬成会のために初めて長崎を訪れました。前日少し時間がありましたので、復元され街の一部として開放されている出島を通り、港のほうに歩いてまいりますと、大波止《おおはと》埠頭の先端に、銀色に輝く巨大な楕円形のチューブのような建築物が見えてきました。埠頭の一部は板張りのフローリングになっていて、木のブロックに腰を下ろして海を眺めることも出来ます。ロビーに入ってみますと、乗船券売り場やベンチ、売店などがあり、新しく出来たばかりの長崎港ターミナルビルであることがわかりました。

巨大な円筒を斜めに切った形の吹き抜け部分の二階に上がりますと、そこは待ち合い所で、船を待つ人々がゆったりとした椅子に思い思いに休んでいました。横に長く切られた開口部からは長崎の美しい白然や町並み、港の光景がよく見えます。

二階スペースの一部を使って「海の彼方の21世紀へ　高松伸建築展」が開かれていて、この建物も彼の作品であることを知りました。打ち放しのコンクリートやアルミニューム、プラスチックなどは二十世紀後半を代表する建築素材だと思いますが、冬空の明るい太陽光線の下で、それらはとても自然な素材に思われました。

このターミナルビルは詩と現実的な機能性が幅広い次元で一体となり、文字通り海の彼方の二十一世紀に向かって開かれた、新しい長崎の象徴になっていると思いました。ここで待ち、通過してゆく人々は、何か日常性を超えた安らぎと希望に満たされているように見えました。そして建築家とは、すぐれた理想主義者《アイデアリスト》にして現実主義者《リアリスト》でなければならないと思いました。

二十一世紀まであと四年。私たち祈りのメンバーは、二十世紀の現実社会に深く根ざしながらも、昌美先生のおっしゃる無限なる時間の中で、もうすでに二十一世紀を生き、人類の未来を創りつづけているのだと思った次第です。


（「白光」一九九六年一月号後記）

イサム・ノグチの遺作

各人が個として自立し、それぞれの個性を発揮しながら連携し、平和な世界を創っていくという、二十一世紀における人類のあり方を、先日訪れた札幌郊外の「モエレ沼公園」で感じました。この公園は故イサム・ノグチ（一九〇四—一九八八）の遺作となった作品で、すでに公開されていますが、併行して工事も進行中です。

沼に架かる橋を渡ると、広大な北海道の大地に、勾配の緩やかなピラミッド状の丘が見えてきます。丘の稜線に人の姿が点々と見え、一人一人が確かな存在感を持ちつつ風景の一部になっています。私たちも草原を大きく迂回し、東側から丘を登ることにしました。稜線に沿って弧を描くように伸びる白い石の道は勾配が緩やかなので登るのが少しも苦にならず楽しく、道は空に向かって消えているので、まるで天に上っていくようです。そしていつしか私たちも風景の中の人物、主人公になっているのを感じます。頂上に近づくと風が強くなり、とんびが二羽すぐ近くを旋回しています。頂上には平たい方形の大石が載っており、そこで人は自然に天や大地、そして自分自身と対話したくなります。

西側の斜面はピラミッド状に石段になっており、そこに腰を下ろすと、ちょうど正面の雲間から太陽が現われました。芝生に被われた公園の所々にモニュメントや建物、林が見えます。この丘を含め、それらは○△□の単純な原型から構成されており、その大きさや距離感が絶妙なのでしょう、その中に点在する一人一人の人が、走り廻る犬が実にはっきりと見えます。それぞれが個として自立しつつ風景の中に溶け込んでいる――私は快い開放感つつまれ、ここは古代のようでもあり、未来のようでもあり、現在そのものでもあると感じました。すべての優れた芸術がそうであるように真にモダンなのだと思います。

《二十一世紀には、画一性に陥ることなしに世界化が進むことを望んでいます》

というのが、八十四年の生涯の集大成である、最後の作品「セエレ沼公園」に託したイサム・ノグチの世界観であったそうです。

（二〇〇〇年十二月「平和の創造」六号後記）

文芸復興の夢

三年前の夏、新潟へ向かう上越新幹線で偶然、歌人の岡野弘彦氏と隣り合わせたことがあります。「岡野先生でいらっしゃいますか」とお声をかけると、富山へ大伴家持の講義に向かわれるとのこと。私もちょうど良寛が自らのために撰した万葉集のアンソロジー「あきのの」を持参していたので、話題は自然に万葉集のことになり、岡野氏が戦後、歌を作れず苦しんでいる時、師の折口信夫より、東歌《あづまうた》を読むように強く勧められたという貴重なお話を伺いました。

また岡野氏はその頃、自らの人生に残された時間に鑑み、結社を超えた「うたげの座」という個人誌を創刊しようとされており、その為すべきことを為すという志に勇気づけられました。

先日、財団からの帰途、四ッ谷駅のホームで、その岡野氏とまた偶然に再会いたしました。先生も私のことを覚えていてくださったようで、「雑誌のほうは順調に出されていますか」と伺うと、「半年ほど休んでいましたが」とおっしゃって、刷り上ったばかりの美しい「うたげの座」第八号を一冊カバンから取り出し、下さいました。

頂いた雑誌を拝読して、

老いてなほ　われに歌ありと思へども
生きて甲斐ある　世にあらなくに

という歌と次の言葉が心に残りました。

「連歌と歌合という、日本の和歌の伝統が生み出した、二つの画期的な共同創作の場で、火花の散るような創造と批評を生んだ時代を、はるかに恋しく望みながら、文芸復興のはかない夢をみる心だけは失わないでいます。」

新しい文化の創造のためには、岡野氏のおっしゃるように、うたげの座、即ちサロンのようなものが必要なのかもしれません。


（二〇〇一年六月「平和の創造」八号後記）

波多野爽波『舗道の花』

冬の空昨日につづき今日もあり　　爽波

かねて読みたいと思っていたこの句集をはじめて読むことが出来た。読んでみて、その自在な表現、現代性に改めて驚いた。まさに「写生の世界は自由濶達の世界である」

この句集には冬空の句が多く、しかもそれらは名句ぞろいである。冬の真青な空が、爽波という号を持つこの俳人の感性にぴったりくるのであろう。昨日に続く今日という日々の生活の背後に、私たちの想いやはからいを超えて、冬の空（＝自然）が変わらずにあった、という驚き。これだけで、ある都市に住む家庭生活者の心と、その家を中心とした景が見えてくるから不思議である。

一句一句の独立した世界、そしてトータルとしては、波多野爽波という一人格の豊かな内面生活の投影がここにある。私達に現代における俳句の可能性について、無言の勇気を与えてくれる句集である。

（「青」一九八二年七月号）

宇佐美魚目『天地存問』

夏の月刈藻もやがてけむりかな　　魚目

『天地存問』より。丹波篠山の鍛練会で賞品として頂いたこの短冊が今わが家の柱に掛かっている。こういう姿形も美しい名句に会うと評する言葉を失ってしまう。夏の月、刈藻、けむり、と役者が揃って、しかも「やがて」という言葉の絶妙なる使い方。天地の間には無限の世界（天地）があって、それぞれの句はその相を表わす、というように私は考える。けむりとなって消えた世界はどんな世界か。夏の月に表象されるはかなくも艶なるものが残る。

一寺より春天に消え木こりみち

これも好きな句である。一幅の名画。しかも一寺の僧が生を終るに当り、木こりの姿となって登仙したというドラマが隠されている。この場合はやはり春天でなければならぬ。俳句とは天地への存問（挨拶）である、と教えてくれる句集である。

（「青」一九八三年八月号）

丹波篠山「鍛練会記」

同僚の田村さんに誘われて俳句を始めて二年余、「今年は断固として鍛練会に行きましょう」と誘い合ってやって来た丹波篠山でした。爽波先生とは東京で数回お目にかかったことがありますが、宇佐美魚目さん、大峯あきらさんはどんな人だろう、また田中裕明君とはどんな青年だろうという興味もありました。

お城まで戻ってくると、蓮のお濠の向こうに魚目、あきら両氏らしい人物をみとめました。その後、馬出しの所でも見かけましたが、本格的な吟行経験の少ない私には、お二人の様子や動きから感じるものがありました。

翌二十三日、馬出し土壘に腰を下ろして菱採りを見ていると、爽波先生がいらして少し離れた切株に腰を下ろされましたが、写生の方法についてお言葉を下さり、感激しました。先生は二時間以上もそこにおられましたが、私たちに写生に対する姿勢を身をもって示してくださったのだと思います。

二十二日夜の句会後、私たちの部屋に先生方もいらして、酒が入っての語らいも貴重な体験でした。そこで交わされる話、やりとりは大変面白く、ちょっとした言葉が大変参考になります。これも、部屋割にまで細かく心を配ってくださった爽波先生のおかげと感謝しています。先生方が帰られてからも話は続き、私は三時頃睡ってしまいましたが、朝目が覚めて、少し重いなと思ったら、私の掛け蒲団の上にTシャツのままの裕明君が眠っていました。

城壁に人の立ちをり野分あと　興次
松に倚り菱採る人と話しをり
菱採りのだんだん菱に埋まりて

（「青」一九八一年十月号）

田中裕明さんのこと

私が「青」に投句を始めたころ、裕明さんはまだ京大工学部の学生でしたが、いつも雑詠欄の上位に位置し、その透明感とひろがりのある句に魅了されました。

遠きたよりにはくれんの開ききる　裕明

同人となり、史上最年少の角川俳句賞受賞。爽波先生の逝去「青」終刊後、「晨」同人、「ゆう」を創刊主宰。その裕明さんが二〇〇四年十二月三十日、四十五歳で逝去されことを新聞で知りました。骨髄性白血病を発症して五年間入退院を繰り返してのことという。各紙誌に載った追悼文を集めて後に一書が編まれるほど人々に愛されていた裕明さんでしたが、私は彼の死と共に成った句集『夜の客人』を一夜ゆっくりと読みつつ、しのびました。

まず、樋口一葉「月の夜」から引いた一文を扉の裏に載せたセンスに感嘆。

「嬉しきは月の夜の客人《まらうど》、つねは疎々《うとうと》しくなどある人の心安《こころやす》げに訪《と》ひ寄《より》たる、男にても嬉《うれ》しきを、まして女《をんな》の友《とも》にさる人あらば如何《いか》ばかり嬉しからん、みづから出《いづ》るに難《かた》からば文《ふみ》にてもおこせかし、歌よみがましきは憎きものなれどかゝる夜の一言《ひとこと》には身にしみて思ふ友とも成《なり》ぬべし。」

あとは、同書から句を引きます。

一生の手紙の嵩や秋つばめ　裕明

発病

爽やかに俳句の神に愛されて
寝待月加茂川あさく流れけり
みづうみのみなとのなつのみじかけれ

女の鹿の秋の暑さに立ちあがる
寒林の真中ふたたび歩き出す
あそびをり人類以後も鳴く亀と
谷底に迅き水あり朴の花
風を知りそめたる合歓の若葉かな
糸瓜棚この世のことのよく見ゆる

イカロスの墜落のある風景

二〇〇六年十一月、上野西洋美術館のベルギー王立美術館展でピーター・ブリューゲルの「イカロスの墜落のある風景」を見た。ブリューゲルは私にとって格別の存在で、心の奥深く、魂の領域にまで迫ってくる画家である。特にこの「イカロスの墜落のある風景」はそうである。その実物を見て、やはり素晴らしい作品であることを確認できて嬉しかった。

夢見るような親密なる色彩。近景、中景、遠景のパースペクティブの明確なる配置とテーマ。そして、何よりも全体の芸術作品・絵画としての統一とその完成度が素晴らしい。これは、古今東西を通じても、傑出した絵画であると思う。

近景は若い農夫が馬を使って土を鋤いている。その切り鋤かれた軟らかな土の層が手前に見える。農夫は意外と若く、その姿、特に背中が印象的である。日が沈もうとしていて、その影は長い。最近景の土の上には、農夫の腰に付ける携帯具が置かれている。

中景は、近景の耕地と海の間にある一段低い台地で、羊たちがそれぞれ草を食み、中央に牧夫が木の杖に縋り、天を仰いでいる。その脇には大きな猟犬が忠実に控えている。羊は海の近くにも居て、一人のうしろ向きの男が海に墜落するイカロスを見つけて指差しているように見える。天を仰ぐ羊飼いは画面の中心に位置し、この絵の要となる重要な役目を果たしている。

遠景は沖まで続く海である。右手の風を大きく孕んだ帆船の手前の海に、墜落したイカロスの二本の脚が見えている。遠くには神話の背景となったクレタ島と思われる白い岩山と街が霞んでいる。太陽は今まさに水平線に沈もうとしていて、海の中ほどが静かに輝いている。

この世界には、いつも変わらぬ仕事と生活と信仰があり、イカロスの墜落という神話や、宇宙的な出来事も、今、ここで、起こっているのである。神話や奇跡が生活や仕事よりも重要というわけではない。それは、いつも日常の風景の片隅でひっそりと起こっているのである。

ブリューゲルは成熟した画家で、その大きな背中が見えるようである。ブリューゲルの絵画には宇宙的な視点があり、生きとし生けるもの、在りとし在るものへの宇宙的な愛がみなぎっている。この宇宙的な愛は、日本の「一遍聖絵」にも濃密に見られるものであるし、バッハの音楽にもみなぎっている。私は大ブリューゲルは深い信仰を持った優れた画家であり、親方であったと思う。そして、大バッハに通じるものを感じるのである。

春の土鋤き起されて新たなり
春耕やイカロス海に沈みゆく
春潮や天より墜ちし人もゐて

俳句

俳句（一八〇句）

〈波多野爽波選／「青」掲載より〉

一九七九年（昭和五十四年）

描《か》きかけの画板三枚花なづな

丹沢に秋の立つ日や梅を干す

少女らの脛の長さや川施餓鬼

みづうみの絶ず流るる葦の花

漁具数多《あまた》うち捨ててあり赤のまま

孔雀飼ふ家は終日注連《しめ》作り

禽舎には鳥数多ゐて注連作り

鳥好きの夫《つま》が注連綯《な》ふ太しきを

残菊の地を這ふ庭や雉子の声

雨に鳴る落葉の道を通りけり

弓引いて吐く息太し萩落葉

行商の静かに去りぬ冬の弓場《ゆば》

腕吊って女歩けり年の市

子どもらの声よみがへる風邪寝かな

一九八〇年（昭和五十五年）

海苔舟の舳《へ》先《さき》の下のちゃんちゃんこ

笊《ざる》一つ波打ち際に小正月

蜑《あま》が家《や》の空に光れる凧の糸

日向ぼこ浜の子供は眉太し

中島銀之助氏

大寒の聲よく徹る一人あり

冬の日や泪流して象歩く

雨降れば通る道なり木《ぼ》瓜《け》の花

芝を焼き砂降ろしをり児童園

春の砂高く積まれし児童園

灯を消せば時雨が土を打つばかり

屋根替の声の屆けり藪こえて

欄干に綿の干されて梅の寺

水浅く魚影走れり梅の寺

初蝶の越えゆく畦の濡れてをり

花の雨縁に香炉の置いてあり

鈴懸の絮《わた》のつまりし石の窪

道なりに曲がる蔵壁辛夷咲く

戌《いぬ》の日の帯を貰ひに初桜

花過ぎの社の門の灯りをり

舟板に緑青しるき立夏かな

夏柳渡しの土の乾き切り

新しき舟の分けゆく卯波かな

引き揚し櫂の長さよ夏に入る

えごの花みなうつ伏せに朝の道

ビー玉の固め置かれし梅雨の縁

日除より雨だれしげき家居かな

人形に似た顔のある夜店かな

菅笠を被り鬼灯《ほうづき》売る男

鳩が舞ふ四万六千日の闇

豆の葉のはげしく動き喜雨兆す

犬にかける蚊除け薬と月光と

石鹸の匂ひ残りて明易き

出窓より手の出て桔梗に水遣りぬ

よき庭の主を見たり紅芙蓉

葱植うる二人はうねに隠れつつ

夜の縁に人の訪ひ来て衣《きぬ》被《かつぎ》

白萩や手児奈の堂に灯の入りて

釣堀に水の落ちゐる稲の秋

釣堀の土の掃かれて稲の秋
白菊の踏みしだかれし砂の道
大根の半ば抜かれて雑木山
鳥ごゑの遠ざかりゆく懸大根
石組に大根干して家普請
大石を入れてしづまる冬の水
短日の帆柱を打つ綱の音

一九八一年（昭和五十六年）

薄氷《うすらひ》の下に揺るるは鯉の尾か

墓山の道をうめたる春の雪

盆梅や天神へ人群れ通る

枯芭蕉押せばたっぷり水含み

障子開き家に人なく春氷

つちふるや金網ごしに兎の眼

こぶし咲く下ゆく人の被りもの

こぶし咲く下にて人とすれ違ふ

画板下げ少女ら過ぎる花辛夷

裏山に日向ぽっかり辛夷咲く

苗籠の水ぽたぽたと舟板に

川砂に影うつしたる杉菜かな

薔薇園に置かれし甕に空うつり

薔薇園の二階の障子よく見えて

菖蒲田を渡り来る風湯は滾《たぎ》り

湖かぜにかすかに鳴れり額の花

風に揺る一つ松あり菖蒲園

夕風の睡蓮の葉を起しゆく

じゃがいもの花に耕人濡れてをり

青栗の掃かれし道に一つ乗り

百日紅僅かにこぼる菱の上

百日紅畠に水を撒く見えて

炎昼の道に音して雀かな

どの家もじゃがいもの花少しづつ

城壁に人の立ちをり野分あと

爽波先生

松に倚り菱採る人と話しをり

菱採りのだんだん菱に埋まりて

鯊《はぜ》みえる浅瀬に貝を洗ひをり

降りそめし道を急ぐや破蓮《やれはちす》

あかしあの落葉に草履うづもりて

露けくて松葉の山の二つあり

杉の実の一粒づつの雨しづく

洗はれし芋《ずい》茎《き》は石に並べられ

産《うぶ》土《すな》の磴《とう》埋めたる杉落葉

行商に行かなくなりて大根干す

水中に影広げたる冬木かな

一九八二年（昭和五十七年）

冬ぼたんうしろに一度鯉のかほ

探梅や木《と》賊《くさ》の多き寺に出て

雪柳ちゃぼの親子の歩き出て
日当りのガラス拭きをり池涸れて
白梅や屋根に釘箱置きしまま
春潮やかつかつ犬の足音す
鶏が首だす春の潮満ちて
春の潮満ちきて湯屋にけむりかな
船宿に子供逃げくる鬼やらひ
蠟梅や口の曲りし鯉もゐて
涅槃図の蝋燭移す童《わらは》かな
涅槃会の堂に吹き込む雨しぶき

花の雨止んで園丁歩きをり
石垣を積み残したり桃の花
蛇口より水の吹かれて落花かな
鉱泉に蝌蚪《かと》花びらをつつきをり
入口に山羊をつなぎて袋掛
花つつじ鮒がつつけり休館日
街道の大きく曲り葭簾
日盛りの城下の路の途切れけり
子供らの帽子かたまる菖蒲園
菖蒲田にまたひらひらとポプラの葉

ポプラ鳴る四阿にゐて花菖蒲

花菖蒲腥《なまぐさ》き水流れ来る

風の出て菖蒲田をまた鳥つぶて

夕立の中にほどりの流れゆく

赤い傘さして朝顔買ひにくる

朝顔を買ひて足首うつくしき

笠顔に朝顔売りのねむりをり

船宿に昼寝の足の見えてをり

鉢植ゑの小さき萩の咲きそめし

ほほづきの葉の美しく喰はれけり

松の枝に材もたせあり花芙蓉
側室の墓なりしとや萩の花
ゆっくりと松葉落ちくる松手入
かげろふの飛び来て菱の葉に止まり
萩咲ける下に小さく菱咲けり
新涼や少し傾き山水図
濡れ土に百日紅の染み付いて
箒木の紅《こう》きはまりて抜かれけり
箒木の色とりどりに抜かれあり
くるくると空ゆく落葉ありにけり

矢を放つ音の聞へり石路《つは》の花

枯萩や弓場の幕に灯りて

夕参り下駄音たてて萩の磴《とう》

箒目の垣まで及び冬桜

一九八三年（昭和五十八年）

三椏の花と見て過ぐ雨の中

冬ぼたん逆光に手を翳《かざ》しつつ

夏薊大き筏の曳かれゆく

鱚の海茶屋の木組みの進みけり

汐引きし池に鱚はね茶屋普請

菖蒲守首傾けて花を剪る

軽々と蒲団抱へて鉄線花

朴青葉敷いて荷下ろす無住寺

寺に人無くて畑にあやめ咲く

理髪屋の鏡に見えて花八ッ手

鰯雲土に錨の喰ひ込んで

懸《けん》崖《がい》菊《ぎく》針金を剪り揃へ置く

蓮根堀硬きホースの先にゐて

掘り上げし蓮根に新聞紙掛けて

蓮根掘済みたる水のてらてらと

一九八四年（昭和五十九年）

雨音の起りて止みて春火桶
竹の葉の散り敷く薄き雪の上
雛飾峠は雪の舞ひたると
雪雨となりたる雛の城下かな
金縷梅《まんさく》の咲く奥庭に人気なく
白梅や万年筆のインク切れ
湿原を渡り来る風辛夷咲く

グランドに椅子一つあり辛夷咲く
藤垂れて土の昏きに雀かな
藤棚や電話の音の続きをり
青嵐音なく通る霊柩車
仲見世に入り風鈴のしづかなる
廻廊の角灯りをり濃紫陽花
鯊釣の蓮田の中に入りきて
子を載せてゆらゆらとゆく稲車
あかあかと庫裏に灯り葭の花
サルビアの花に蜥蜴《とかげ》の消えしまま

長き夜に万年筆を洗ひをり
産土の屋根の落葉を掃き落す
お祓ひの済みて神官咳二つ

一九八五年（昭和六十年）～一九九一年（平成三年）

肉食《にくじき》の禽《とり》うとましき牡丹の芽
川普請済みて金縷梅咲きにけり
舟待てば柳落葉のしきりなる
長堤を風に吹かれて屠蘇の酔

参考資料

人間と真実の生き方

人間は本来、神の分霊《わけみたま》であって、業生《ごうしょう》ではなく、つねに守護霊《しゅごれい》、守護神《しゅごじん》によって守られているものである。

この世のなかのすべての苦悩は、人間の過去世《かこせ》から現在にいたる誤てる想念が、その運命と現われて消えてゆく時に起る姿である。

いかなる苦悩といえど現われれば必ず消えるものであるから、消え去るのであるという強い信念と、今からよくなるのであるという善念を起し、どんな困難のなかにあっても、自分を赦《ゆる》し人を赦し、自分を愛し人を愛す、愛と真《まこと》と赦しの言行をなしつづけてゆくとともに、守護霊、守護神への感謝の心をつねに想い、世界平和の祈りを祈りつづけてゆけば、個人も人類も真の救いを体得出来るものである。

世界平和の祈り

世界人類が平和でありますように
日本が平和でありますように
私達の天命が完《まっと》うされますように
守護霊様ありがとうございます
守護神様ありがとうございます

光明思想の言葉

光明思想の言葉には、次のような言葉があります。

無限なる愛
無限なる調和
無限なる平和
無限なる光
無限なる力
無限なる英知
無限なるいのち
無限なる幸福
無限なる繁栄
無限なる富
無限なる供給
無限なる成功
無限なる能力

無限なる可能性
無限なる健康
無限なる快活
無限なるいやし
無限なる新鮮
無限なるさわやか
無限なる活力
無限なる希望
無限なる自由
無限なる創造
無限なるひろがり
無限なる大きさ
無限なる発展

無限なるエネルギー
無限なる感謝
無限なる喜び
無限なる美
無限なる若さ
無限なる善
無限なるまこと
無限なる清らか
無限なる正しさ
無限なる勝利
無限なる勇気
無限なる進歩
無限なる向上

無限なる強さ
無限なる直観
無限なる無邪気
無限なるゆるし
無限なる栄光
無限なる気高さ
無限なる威厳
無限なる恵み
無限なる輝き
無限なる包容力

我即神也《われそくかみなり》（宣言文）

私《わたくし》が語る言葉は、神そのものの言葉であり、私が発する想念は、神そのものの想念であり、私が表わす行為は、神そのものの行為である。

即ち、神の言葉、神の想念、神の行為とは、あふれ出る、無限なる愛、無限なる叡智《えいち》、無限なる歓喜、無限なる幸せ、無限なる感謝、無限なる生命《いのち》、無限なる健康、無限なる光、無限なるエネルギー、無限なるパワー、無限なる成功、無限なる供給……そのものであるそれのみである。

故に、我即神也、私は神そのものを語り、念じ、行為するのである。

人が自分を見て、「吾《われ》は神を見たる」と、思わず思わせるだけの自分を磨き高め上げ、神そのものとなるのである。

私を見たものは、即ち神を見たのである。私は光り輝き、人類に、いと高き神の無限なる愛を放ちつづけるのである。

人類即神也《じんるいそくかみなり》（宣言文）

私が語ること、想うこと、表わすことは、すべて人類のことのみ。人類の幸せのみ。人類の平和のみ。人類が真理に目覚めることのみ。

故に、私個に関する一切の言葉、想念、行為に私心なし、自我なし、対立なし。すべては宇宙そのもの、光そのもの、真理そのもの、神の存在そのものなり。

地球上に生ずるいかなる天変地変、環境汚染、飢餓、病気……これらすべて「人類即神也」を顕すためのプロセスなり。

世界中で繰り広げられる戦争、民族紛争、宗教対立……これらも又すべて「人類即神也」を顕すためのプロセスなり。

故に、いかなる地球上の出来事、状況、ニュース、情報に対しても、又、人類の様々なる生き方、想念、行為に対しても、且つ又、小智才覚により神域を汚《けが》してしまっている発明発見に対してさえも、これらすべて「人類即神也」を顕すためのプロセスとして、いかなる批判、非難、評価も下さず、それらに対して何ら一切関知せず。

私は只《ただ》ひたすら人類に対して、神の無限なる愛と赦《ゆる》しと慈しみを与えつづけ、人類すべてが真理に目覚めるその時に至るまで、人類一人一人に代わって「人類即神也」の印を組みつづけるのである。

冨田　興次（とみた　こうじ）
1943年新潟県に生まれる。京都大学文学部卒業。
1968年五井昌久先生に会う。
1978年白光真宏会職員となり、「白光」編集長、出版本部長を経て、
1994年理事に就任。
1999年五井平和財団の設立に伴ない常務理事事務局長を兼務。
2008年白光真宏会長老導師となる。

白光真宏会出版本部ホームページ　http://www.byakkopress.ne.jp/
白光真宏会ホームページ　http://www.byakko.or.jp/

ふく風たつ浪の音までも

平成二十年九月二十五日　初版

著　者　冨田興次
発行者　平本雅登
発行所　白光真宏会出版本部
〒418-0102　静岡県富士宮市人穴八一二-一
電　話　〇五四四（二九）五一〇九
ＦＡＸ　〇五四四（二九）五一二二
振　替　〇〇一二〇・六・一五一三四八
東京出張所
〒101-0064　東京都千代田区猿楽町二-一-一六
下平ビル四〇一
電　話　〇三（五二八三）五七九八
ＦＡＸ　〇三（五二八三）五七九九
印刷所　株式会社明徳印刷出版社

乱丁・落丁はお取り替えいたします。
定価はカバーに表示してあります。

ISBN978-4-89214-183-6 C0014